T0258440

Mafalda 8

QUINO

Lumen

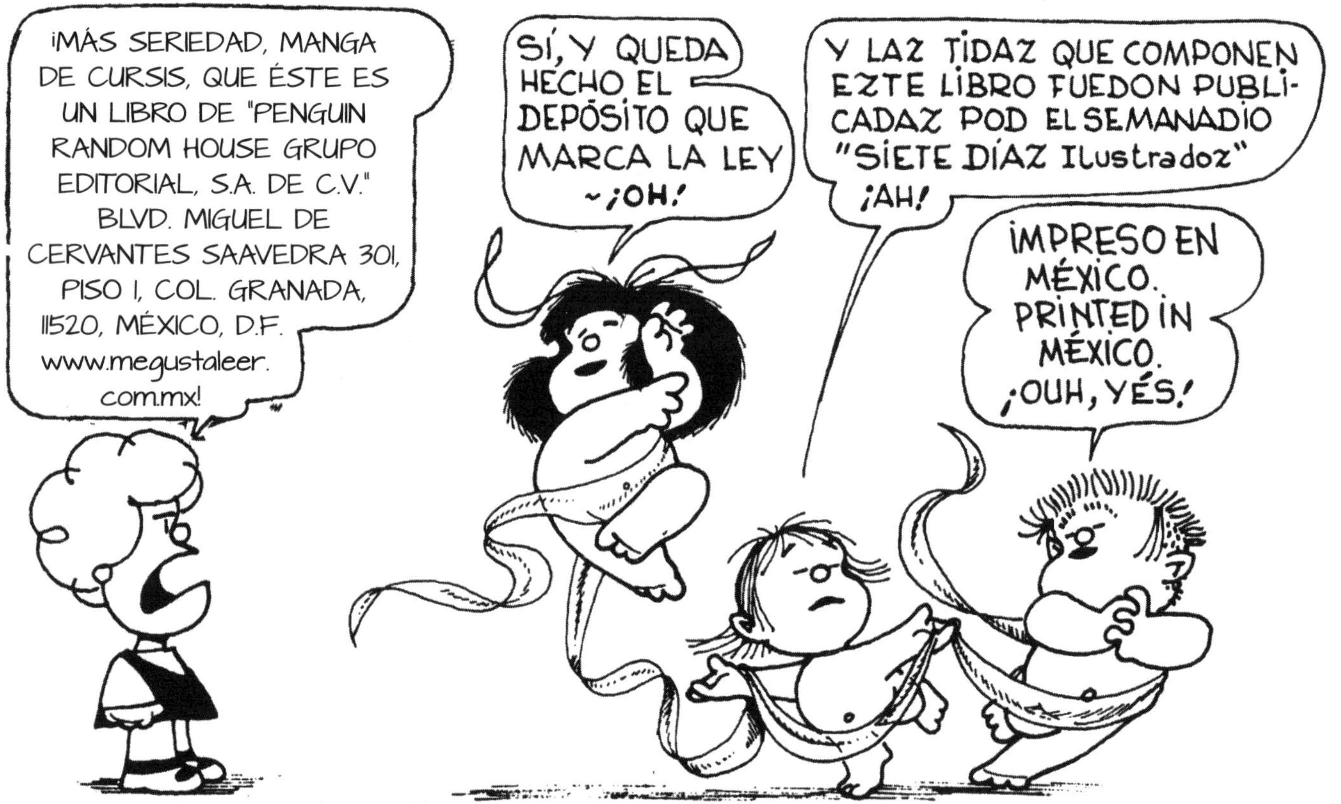
¡MÁS SERIEDAD, MANGA DE CURSIS, QUE ÉSTE ES UN LIBRO DE "PENGUIN RANDOM HOUSE GRUPO EDITORIAL, S.A. DE C.V." BLVD. MIGUEL DE CERVANTES SAAVEDRA 301, PISO 1, COL. GRANADA, 11520, MÉXICO, D.F. www.megustaleer.com.mx!
SÍ, Y QUEDA HECHO EL DEPÓSITO QUE MARCA LA LEY ~¡OH!
Y LAZ TIDAZ QUE COMPONEN EZTE LIBRO FUEDON PUBLICADAZ POD EL SEMANADIO "SIETE DÍAZ Ilustradoz" ¡AH!
IMPRESO EN MÉXICO. PRINTED IN MÉXICO. ¡OUH, YÉS!

© Joaquín Salvador Lavado, Quino ISBN: 978-607-31-2181-1 Vol. 8. 1era. edición.

a la realidad

QUINO

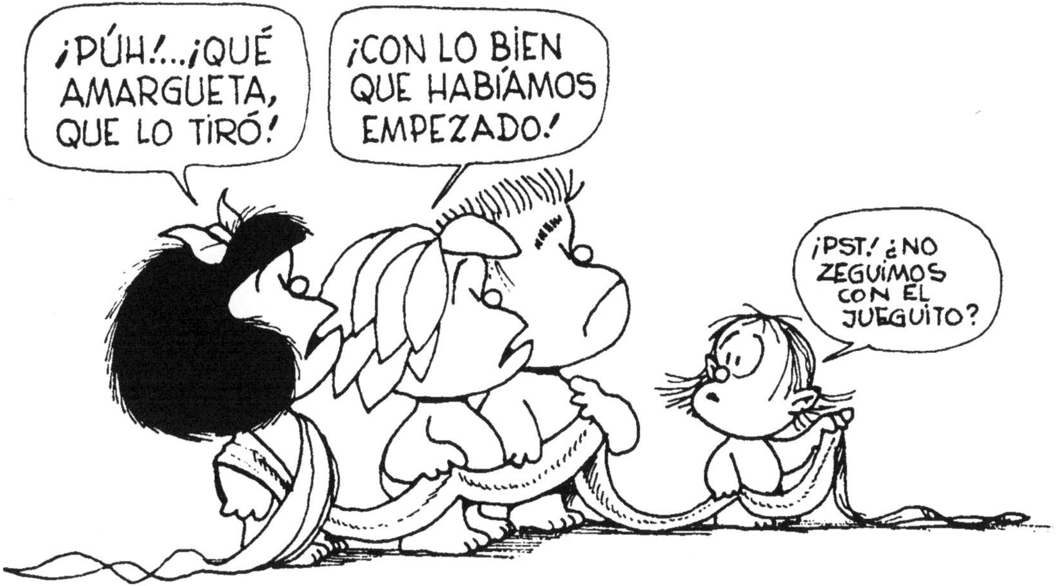
¡PÚH!...¡QUÉ AMARGUETA, QUE LO TIRÓ!
¡CON LO BIEN QUE HABÍAMOS EMPEZADO!
¡PST! ¿NO ZEGUIMOS CON EL JUEGUITO?

– "Dios puede castigar muchísimo."

* – "No, la policía pega más fuerte."

* Juan Pablo C. (3 años)

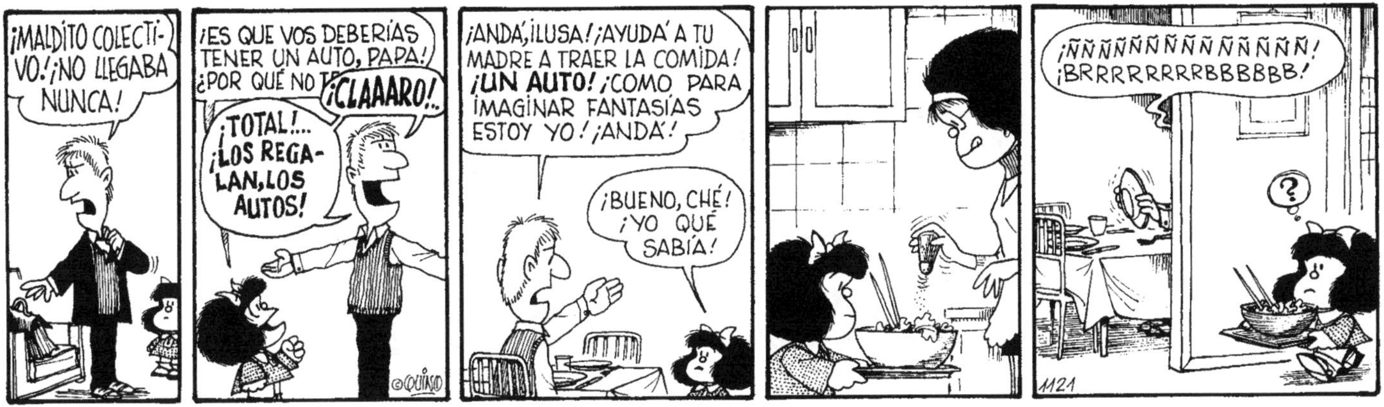
¡MALDITO COLECTIVO! ¡NO LLEGABA NUNCA!
¡ES QUE VOS DEBERÍAS TENER UN AUTO, PAPÁ! ¿POR QUÉ NO TE
¡CLAAARO!..
¡TOTAL!... ¡LOS REGALAN, LOS AUTOS!
©QUINO
¡ANDÁ, ILUSA! ¡AYUDÁ A TU MADRE A TRAER LA COMIDA! ¡UN AUTO! ¡COMO PARA IMAGINAR FANTASÍAS ESTOY YO! ¡ANDÁ!
¡BUENO, CHÉ! ¡YO QUÉ SABÍA!
¡ÑÑÑÑÑÑÑÑÑÑÑÑÑÑ! ¡BRRRRRRRRBBBBBB!
?
1121

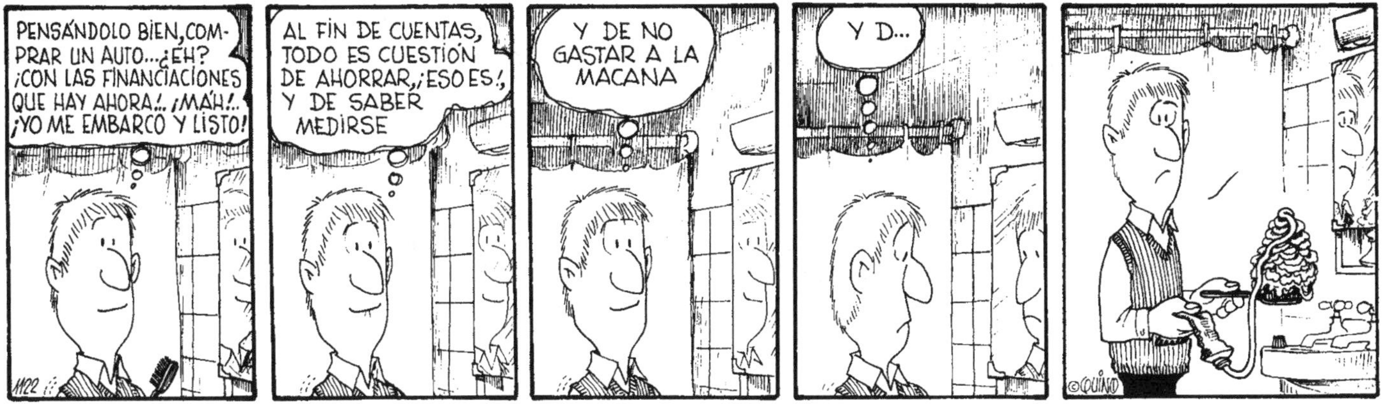
PENSÁNDOLO BIEN, COMPRAR UN AUTO...¿EH? ¡CON LAS FINANCIACIONES QUE HAY AHORA!.. ¡MÁH!.. ¡YO ME EMBARCO Y LISTO!
1122
AL FIN DE CUENTAS, TODO ES CUESTIÓN DE AHORRAR, ¡ESO ES!, Y DE SABER MEDIRSE
Y DE NO GASTAR A LA MACANA
Y D...
©QUINO

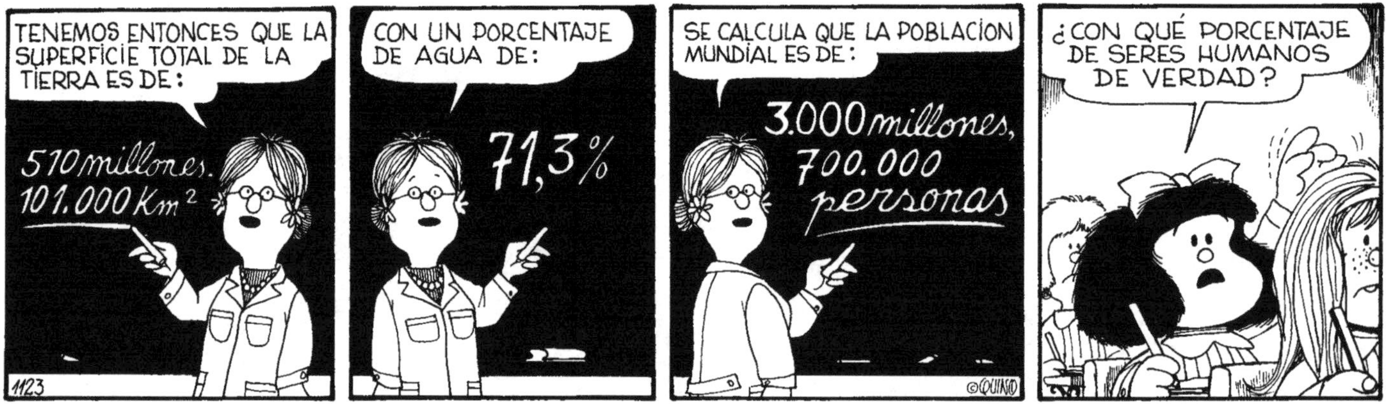
TENEMOS ENTONCES QUE LA SUPERFICIE TOTAL DE LA TIERRA ES DE:
510 millones. 101.000 Km²
1123
CON UN PORCENTAJE DE AGUA DE:
71,3%
SE CALCULA QUE LA POBLACION MUNDIAL ES DE:
3.000 millones, 700.000 personas
©QUINO
¿CON QUÉ PORCENTAJE DE SERES HUMANOS DE VERDAD?

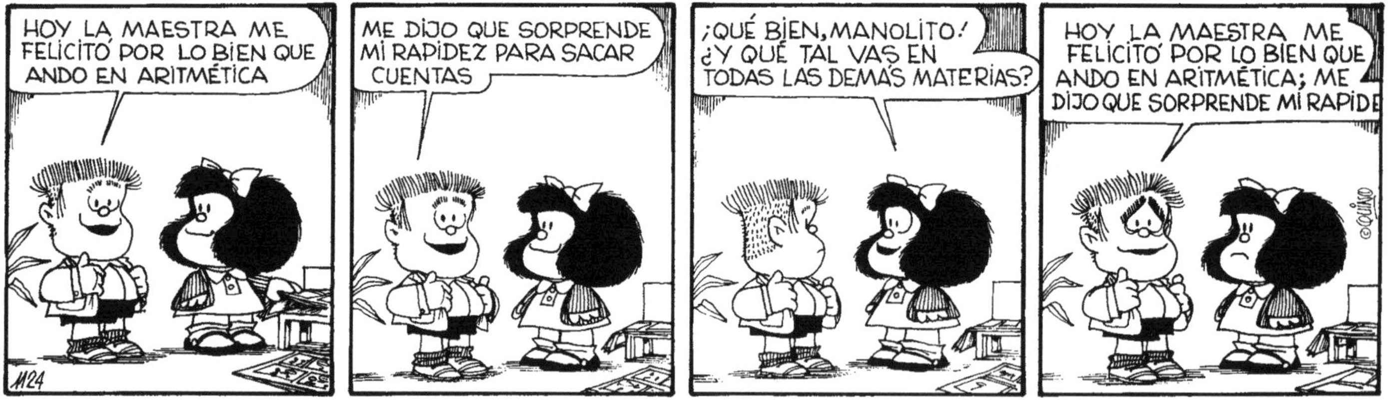
HOY LA MAESTRA ME FELICITÓ POR LO BIEN QUE ANDO EN ARITMÉTICA
1124
ME DIJO QUE SORPRENDE MI RAPIDEZ PARA SACAR CUENTAS
¡QUÉ BIEN, MANOLITO! ¿Y QUÉ TAL VAS EN TODAS LAS DEMÁS MATERIAS?
HOY LA MAESTRA ME FELICITÓ POR LO BIEN QUE ANDO EN ARITMÉTICA; ME DIJO QUE SORPRENDE MI RAPIDE
©QUINO

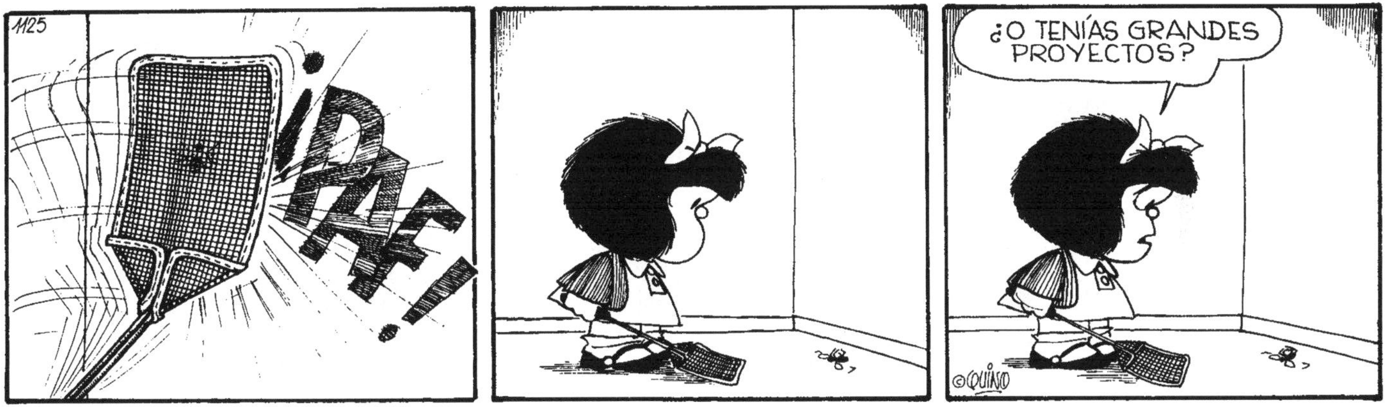
1125
¡PAF!
¿O TENÍAS GRANDES PROYECTOS?
©QUINO

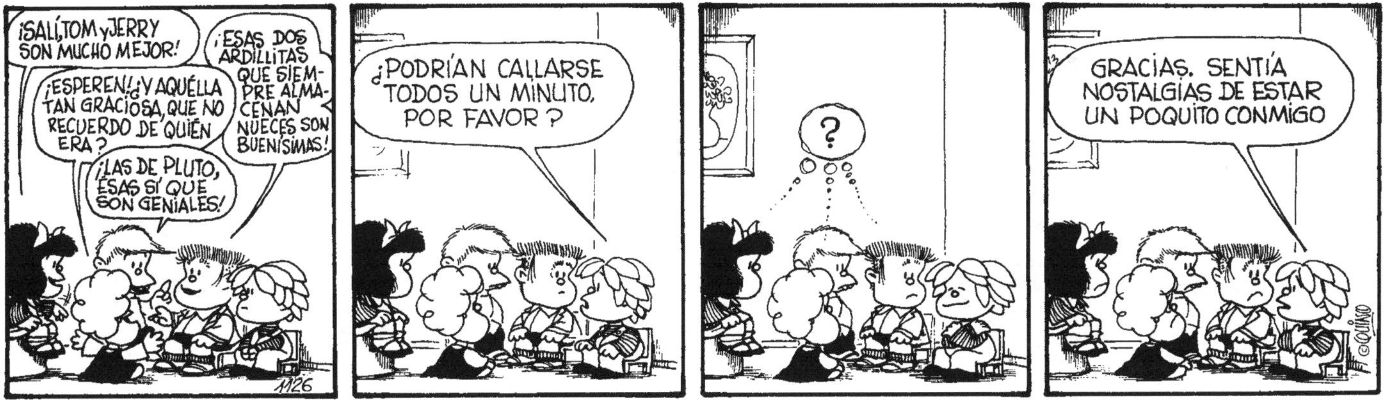
¡SALÍ, TOM y JERRY SON MUCHO MEJOR!
¡ESPEREN! ¿Y AQUÉLLA TAN GRACIOSA, QUE NO RECUERDO DE QUIÉN ERA?
¡ESAS DOS ARDILLITAS QUE SIEMPRE ALMACENAN NUECES SON BUENÍSIMAS!
¡LAS DE PLUTO, ÉSAS SÍ QUE SON GENIALES!
1126
¿PODRÍAN CALLARSE TODOS UN MINUTO, POR FAVOR?
?
GRACIAS. SENTÍA NOSTALGIAS DE ESTAR UN POQUITO CONMIGO
©QUINO

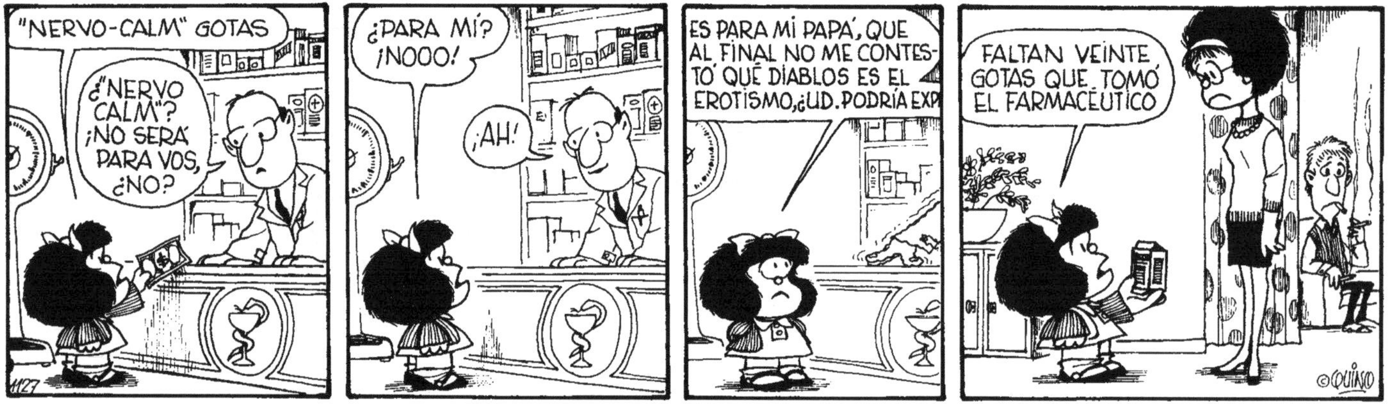
"NERVO-CALM" GOTAS
¿"NERVO CALM"? ¡NO SERÁ PARA VOS, ¿NO?
¿PARA MÍ? ¡NOOO!
¡AH!
ES PARA MI PAPÁ, QUE AL FINAL NO ME CONTESTÓ QUÉ DIABLOS ES EL EROTISMO, ¿UD. PODRÍA EXP
FALTAN VEINTE GOTAS QUE TOMÓ EL FARMACÉUTICO
1127
©QUINO

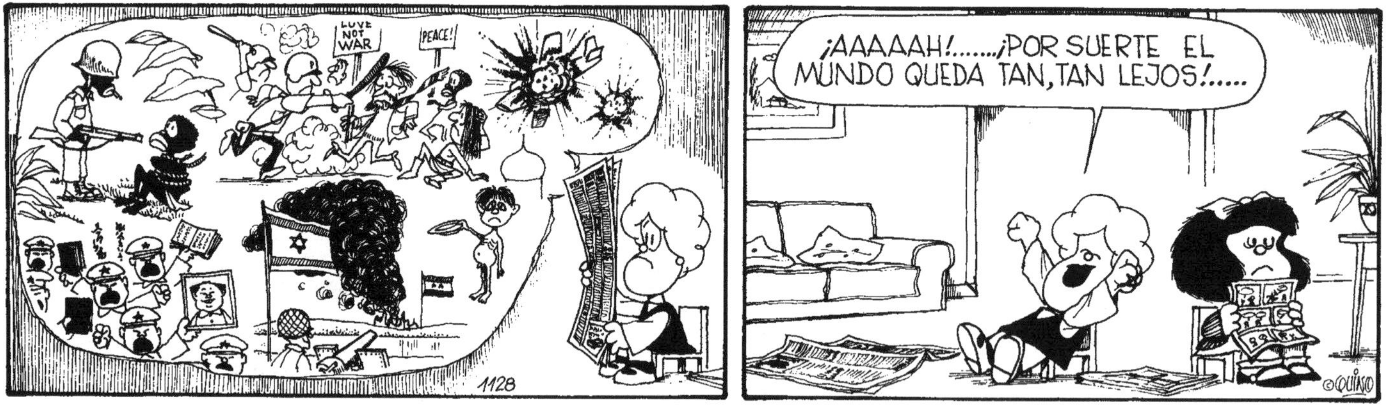
LOVE NOT WAR
PEACE!
1128
¡AAAAAH!.......¡POR SUERTE EL MUNDO QUEDA TAN, TAN LEJOS!.....
©QUINO

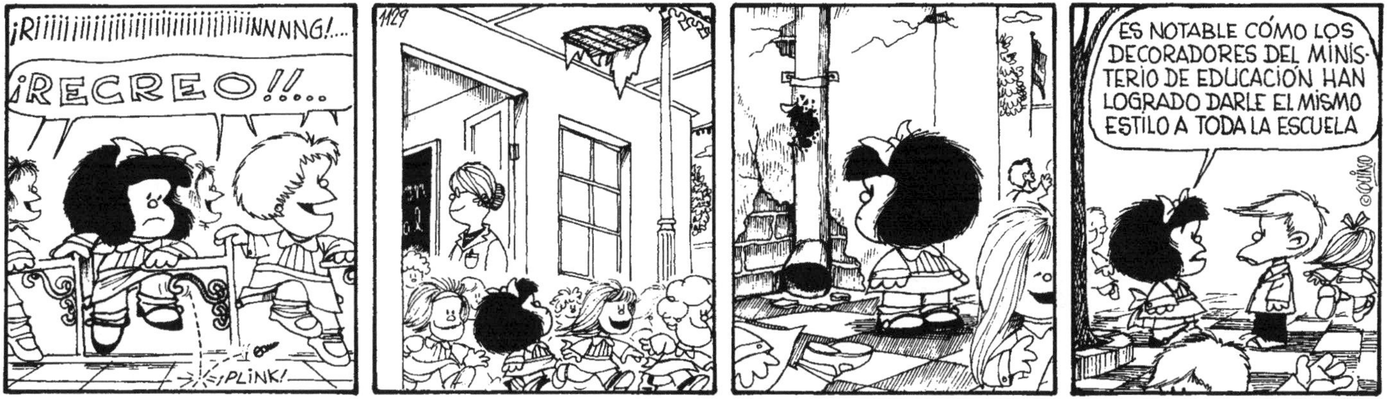
¡RIIIIIIIIIIIIIIIIIIIIIIIIIIIIIIIINNNNG!...
¡RECREO!!...
¡PLINK!
1129
ES NOTABLE CÓMO LOS DECORADORES DEL MINISTERIO DE EDUCACIÓN HAN LOGRADO DARLE EL MISMO ESTILO A TODA LA ESCUELA
©QUINO

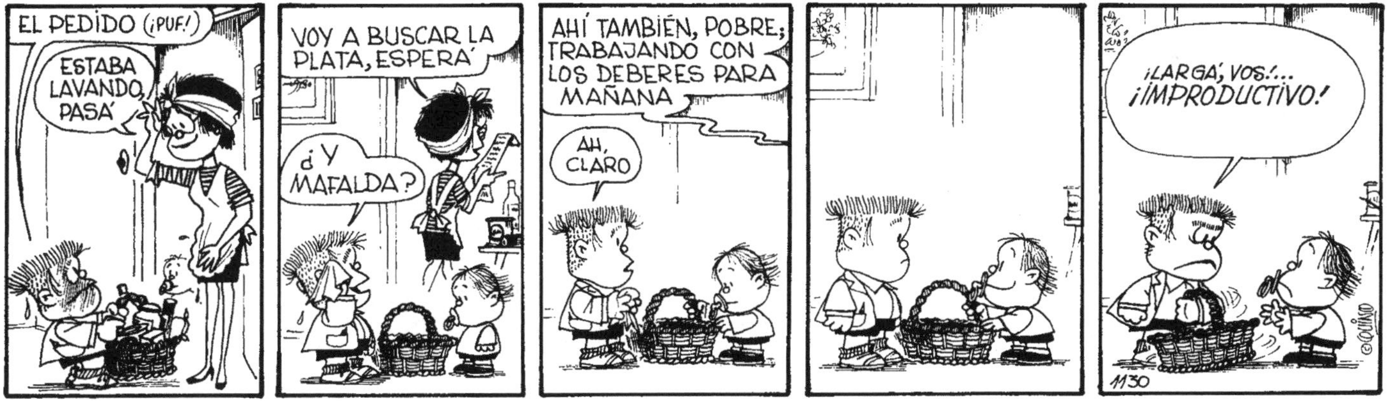
EL PEDIDO (¡PUF!)
ESTABA LAVANDO, PASÁ
VOY A BUSCAR LA PLATA, ESPERÁ
¿Y MAFALDA?
AHÍ TAMBIÉN, POBRE; TRABAJANDO CON LOS DEBERES PARA MAÑANA
AH, CLARO
¡LARGÁ, VOS!... ¡IMPRODUCTIVO!
©QUINO
1130

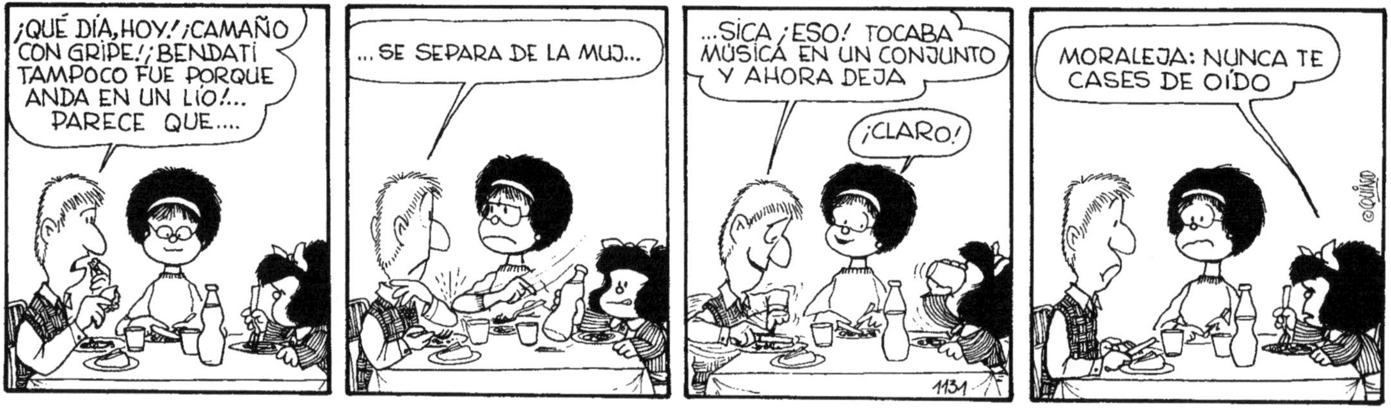
¡QUÉ DÍA, HOY! ¡CAMAÑO CON GRIPE! ¡BENDATI TAMPOCO FUE PORQUE ANDA EN UN LÍO!... PARECE QUE....
... SE SEPARA DE LA MUJ...
...SICA ¡ESO! TOCABA MÚSICA EN UN CONJUNTO Y AHORA DEJA
¡CLARO!
1131
MORALEJA: NUNCA TE CASES DE OÍDO
©QUINO

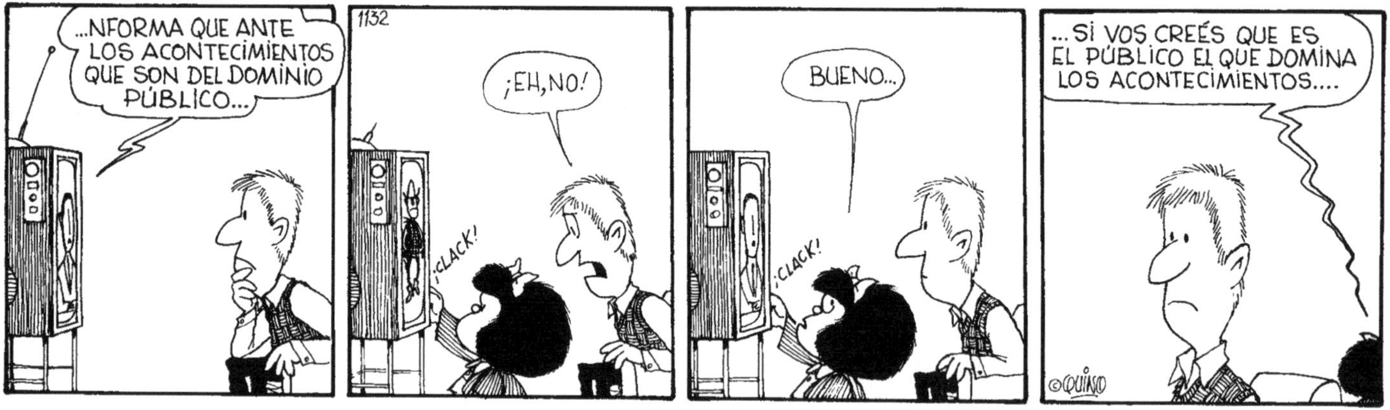
...NFORMA QUE ANTE LOS ACONTECIMIENTOS QUE SON DEL DOMINIO PÚBLICO...
1132
¡EH, NO!
¡CLACK!
BUENO...
¡CLACK!
... SI VOS CREÉS QUE ES EL PÚBLICO EL QUE DOMINA LOS ACONTECIMIENTOS....
©QUINO

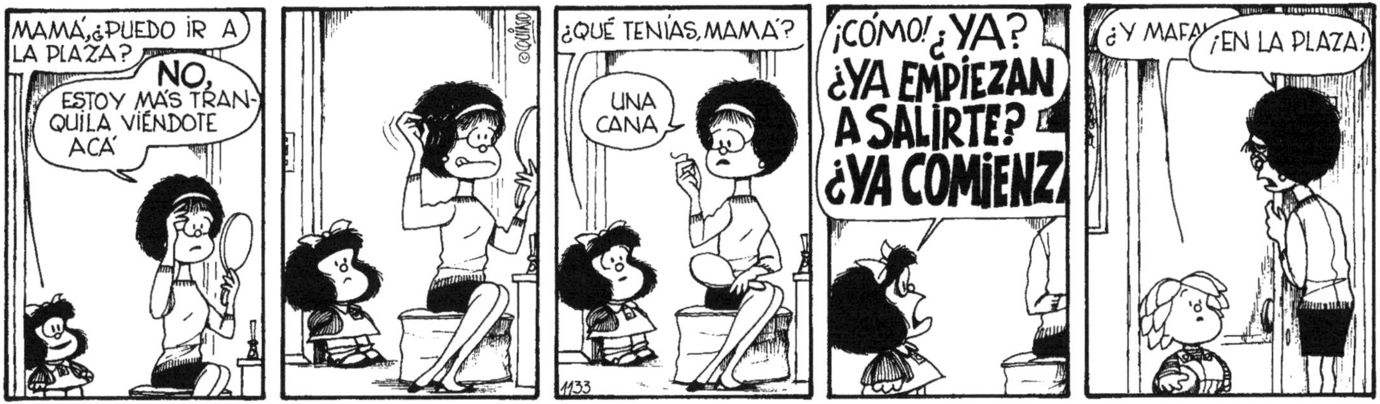
MAMÁ, ¿PUEDO IR A LA PLAZA?
NO, ESTOY MÁS TRAN-QUILA VIÉNDOTE ACÁ
©QUINO
¿QUÉ TENÍAS, MAMÁ?
UNA CANA
1133
¡CÓMO! ¿YA? ¿YA EMPIEZAN A SALIRTE? ¿YA COMIENZ
¿Y MAFA
¡EN LA PLAZA!

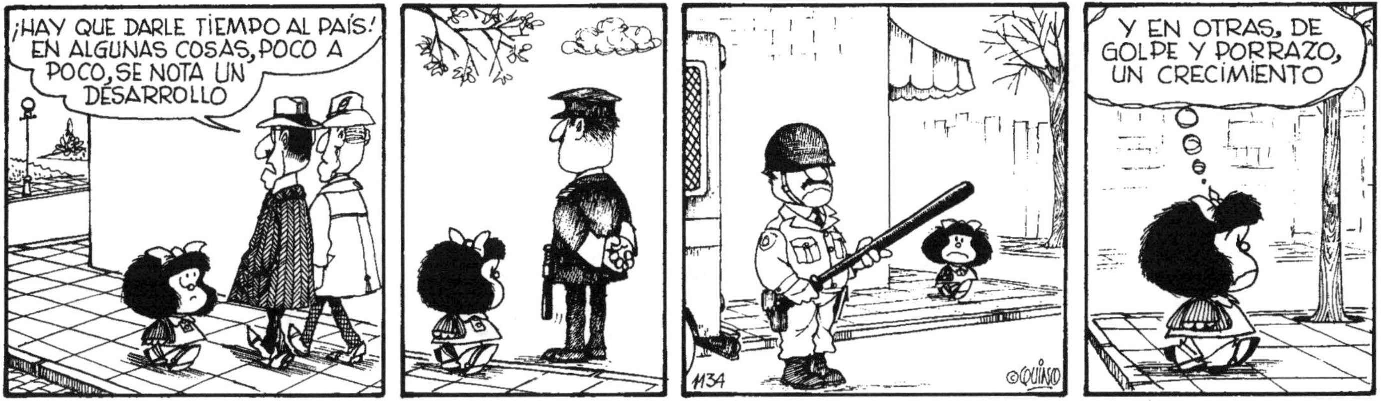
¡HAY QUE DARLE TIEMPO AL PAÍS! EN ALGUNAS COSAS, POCO A POCO, SE NOTA UN DESARROLLO
1134
©QUINO
Y EN OTRAS, DE GOLPE Y PORRAZO, UN CRECIMIENTO

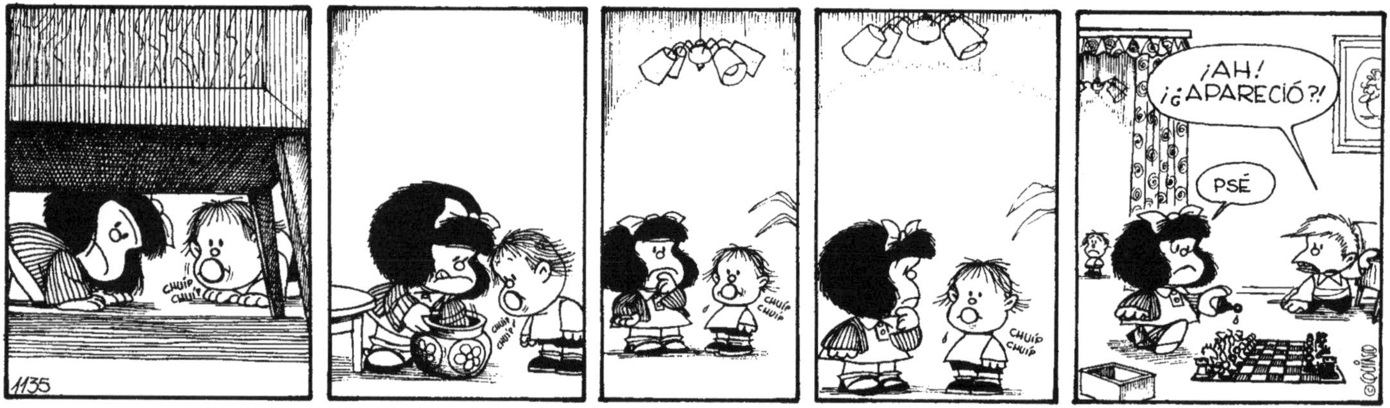
1135
CHUIP CHUIP
CHUIP CHUIP
CHUIP CHUIP
CHUIP CHUIP
¡AH! ¡¿APARECIÓ?!
PSÉ
©QUINO

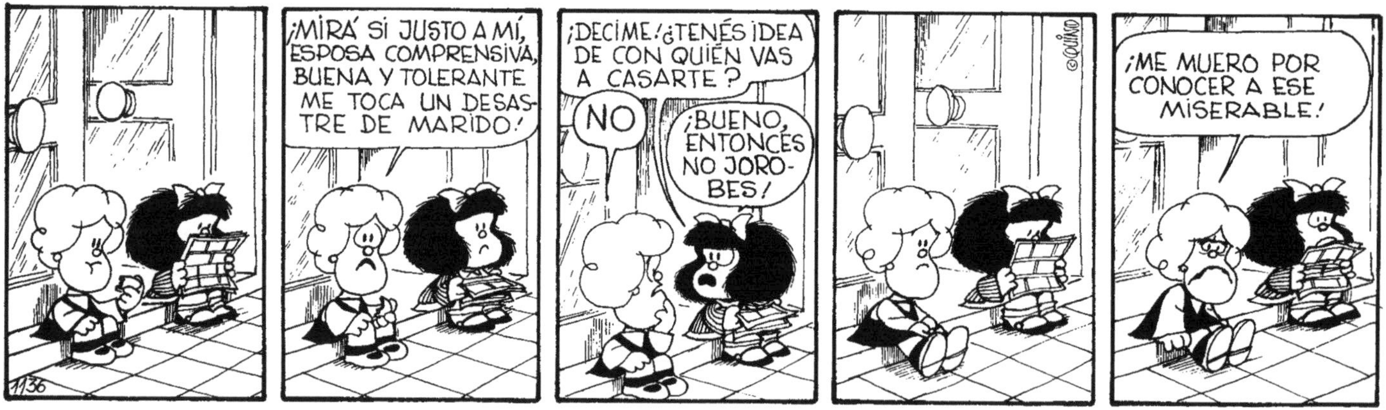
1136
¡MIRÁ SI JUSTO A MÍ, ESPOSA COMPRENSIVA, BUENA Y TOLERANTE ME TOCA UN DESASTRE DE MARIDO!
¡DECIME! ¿TENÉS IDEA DE CON QUIÉN VAS A CASARTE?
NO
¡BUENO, ENTONCES NO JOROBES!
©QUINO
¡ME MUERO POR CONOCER A ESE MISERABLE!

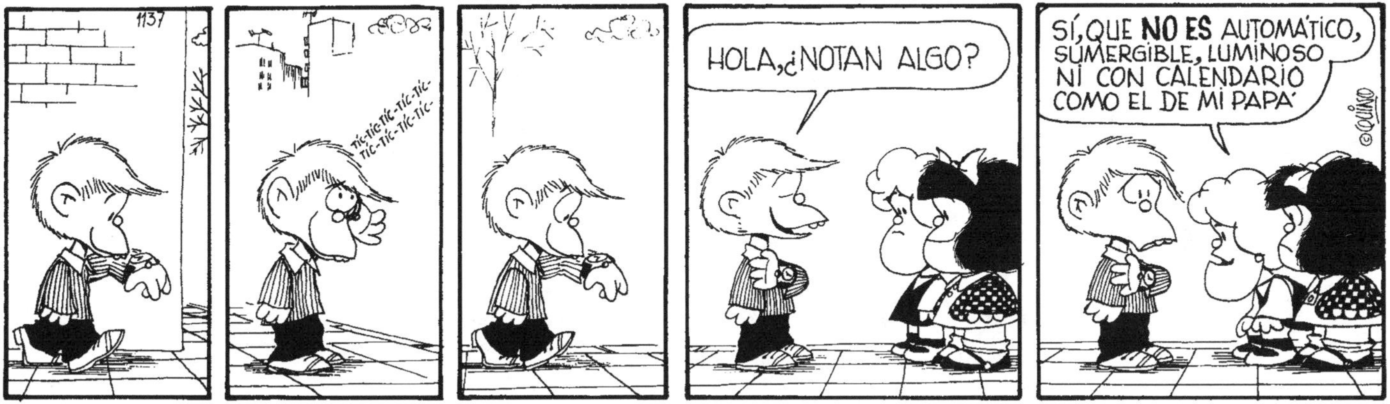
1137
TÍC-TÍC-TÍC-TÍC-TÍC-
TÍC-TÍC-TÍC-TÍC-TÍC-
HOLA, ¿NOTAN ALGO?
SÍ, QUE **NO ES** AUTOMÁTICO, SUMERGIBLE, LUMINOSO NI CON CALENDARIO COMO EL DE MI PAPÁ
©QUINO

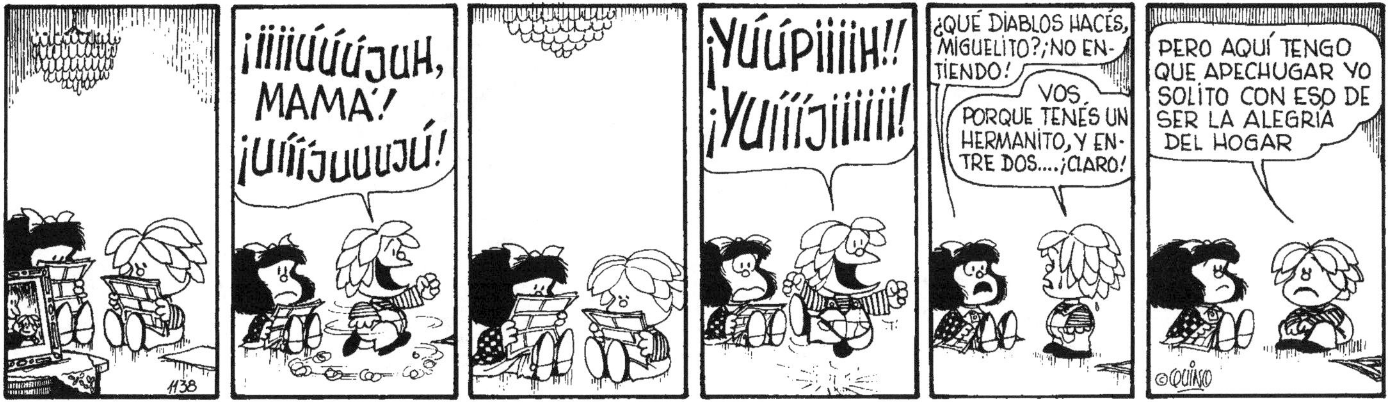
1138
¡IIIIUÚÚÚJUH, MAMÁ! ¡UIÍÍJUUUJÚ!
¡YUÚPIIIIIH!! ¡YUIÍÍJIIIIII!
¿QUÉ DIABLOS HACÉS, MIGUELITO? ¡NO ENTIENDO!
VOS, PORQUE TENÉS UN HERMANITO, Y ENTRE DOS.... ¡CLARO!
PERO AQUÍ TENGO QUE APECHUGAR YO SOLITO CON ESO DE SER LA ALEGRÍA DEL HOGAR
©QUINO

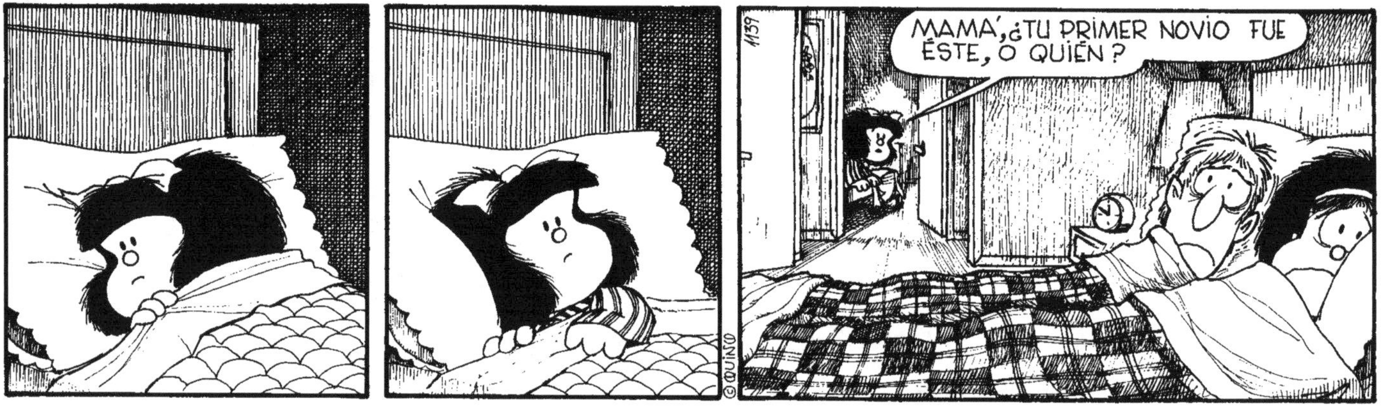
1139
MAMÁ, ¿TU PRIMER NOVIO FUE ÉSTE, O QUIÉN?
©QUINO

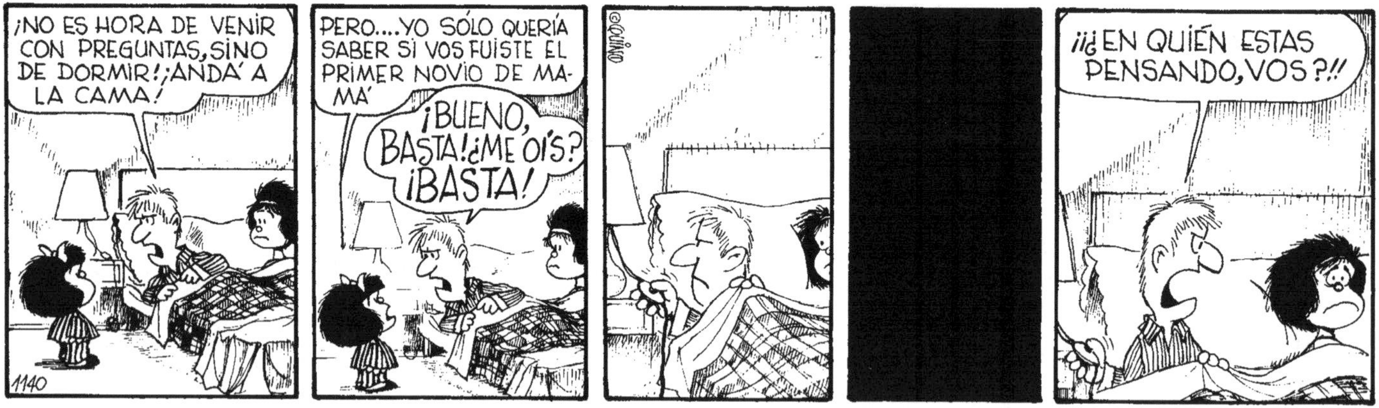
¡NO ES HORA DE VENIR CON PREGUNTAS, SINO DE DORMIR! ¡ANDÁ A LA CAMA!
1140
PERO....YO SÓLO QUERÍA SABER SI VOS FUISTE EL PRIMER NOVIO DE MAMÁ
¡BUENO, BASTA! ¿ME OÍS? ¡BASTA!
©QUINO
¡¡¿EN QUIÉN ESTAS PENSANDO, VOS?!!

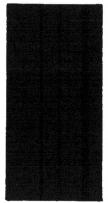

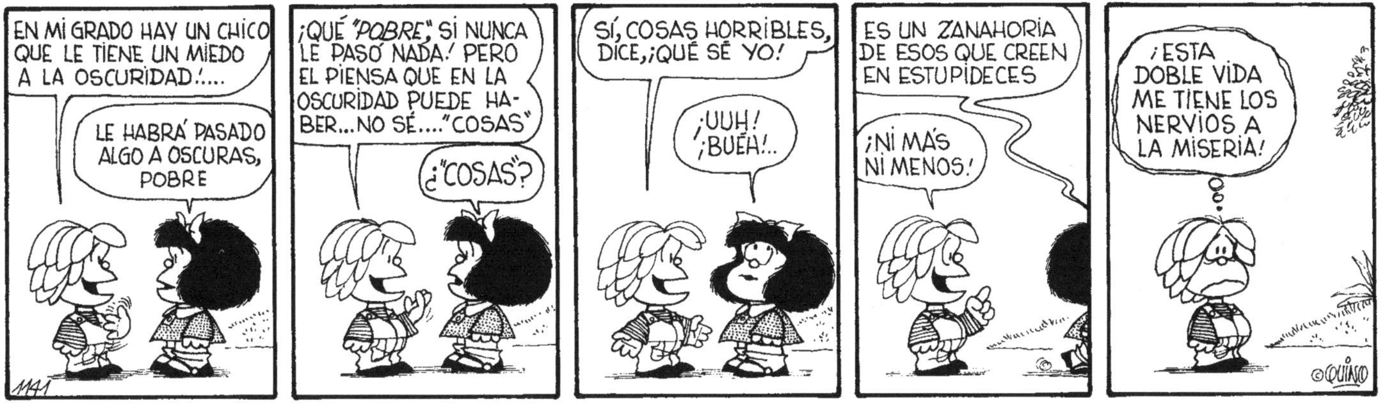
EN MI GRADO HAY UN CHICO QUE LE TIENE UN MIEDO A LA OSCURIDAD!....
LE HABRÁ PASADO ALGO A OSCURAS, POBRE
¡QUÉ "POBRE," SI NUNCA LE PASÓ NADA! PERO EL PIENSA QUE EN LA OSCURIDAD PUEDE HABER... NO SÉ...."COSAS"
¿"COSAS"?
SÍ, COSAS HORRIBLES, DICE, ¡QUÉ SÉ YO!
¡UUH! ¡BUEH!..
ES UN ZANAHORIA DE ESOS QUE CREEN EN ESTUPIDECES
¡NI MÁS NI MENOS!
¡ESTA DOBLE VIDA ME TIENE LOS NERVIOS A LA MISERIA!
1141
©QUINO

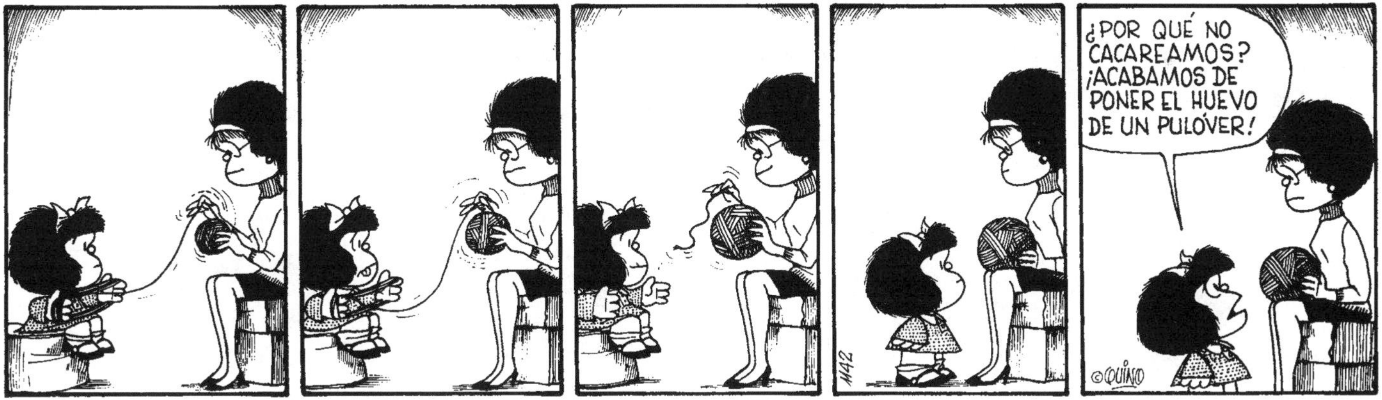
1142
©QUINO
¿POR QUÉ NO CACAREAMOS? ¡ACABAMOS DE PONER EL HUEVO DE UN PULÓVER!

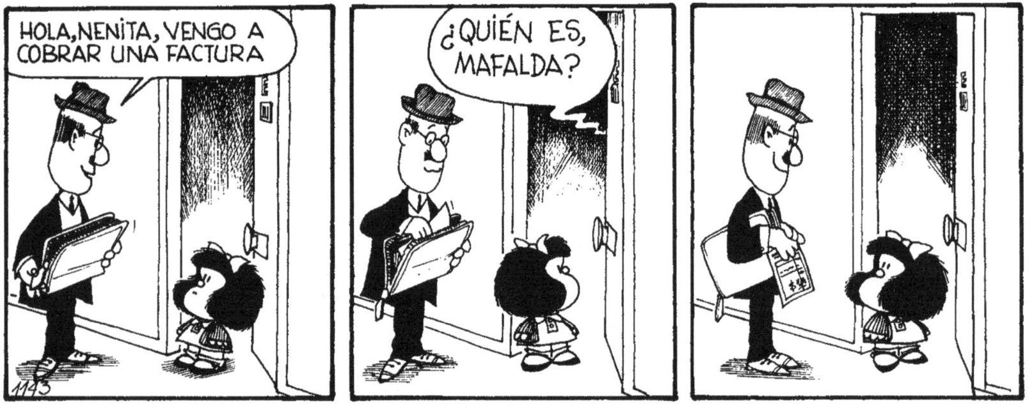
HOLA, NENITA, VENGO A COBRAR UNA FACTURA
¿QUIÉN ES, MAFALDA?
UN BUENOIDE MATERIALISTA
1143
©QUINO

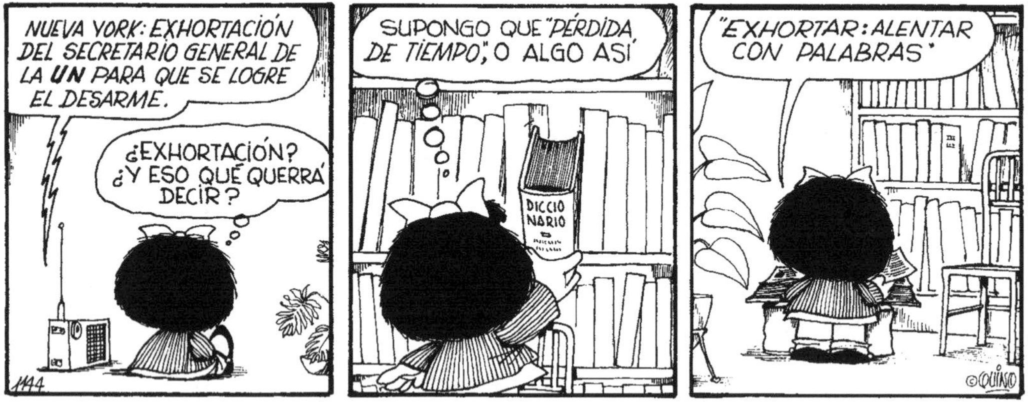
NUEVA YORK: EXHORTACIÓN DEL SECRETARIO GENERAL DE LA UN PARA QUE SE LOGRE EL DESARME.
¿EXHORTACIÓN? ¿Y ESO QUÉ QUERRÁ DECIR?
SUPONGO QUE "PÉRDIDA DE TIEMPO", O ALGO ASÍ
"EXHORTAR: ALENTAR CON PALABRAS"
¿NO TE DIJE?
DICCIONARIO
1144
©QUINO

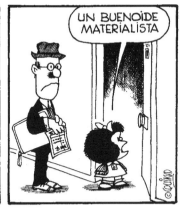

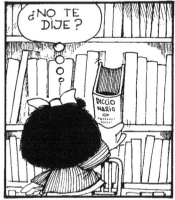

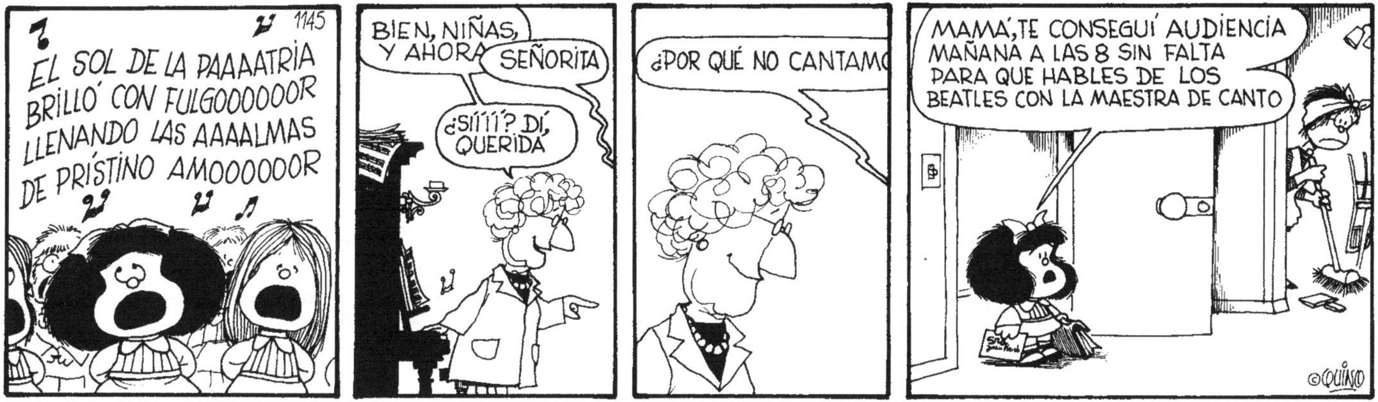
1145
EL SOL DE LA PAAAATRIA
BRILLÓ CON FULGOOOOOOR
LLENANDO LAS AAAALMAS
DE PRÍSTINO AMOOOOOOR
BIEN, NIÑAS,
Y AHORA
SEÑORITA
¿SÍÍÍÍ? DÍ,
QUERIDA
¿POR QUÉ NO CANTAMO
MAMÁ, TE CONSEGUÍ AUDIENCIA
MAÑANA A LAS 8 SIN FALTA
PARA QUE HABLES DE LOS
BEATLES CON LA MAESTRA DE CANTO
©QUINO

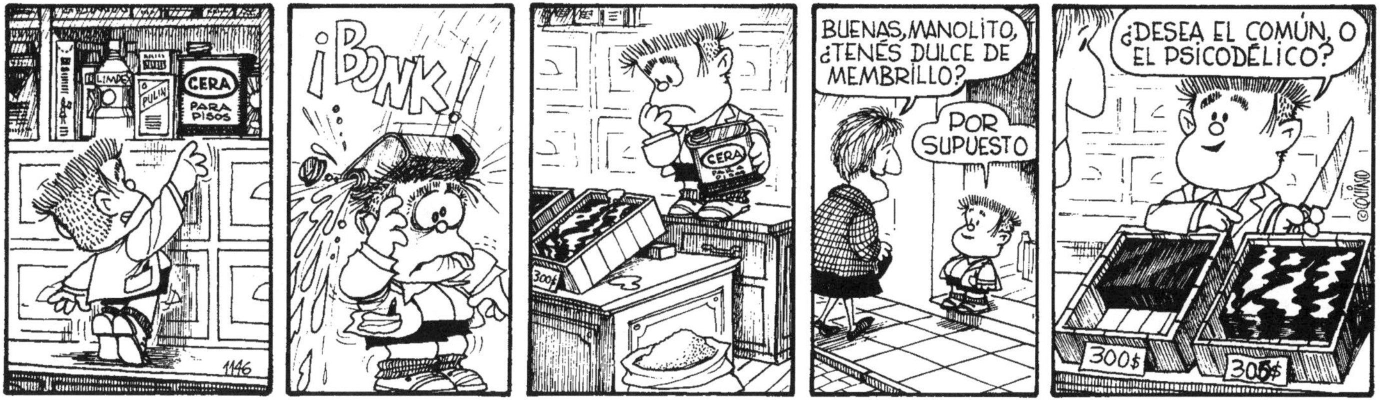
CERA
PARA
PISOS
1146
¡BONK!
CERA
300$
BUENAS, MANOLITO,
¿TENÉS DULCE DE
MEMBRILLO?
POR
SUPUESTO
©QUINO
¿DESEA EL COMÚN, O
EL PSICODÉLICO?
300$
305$

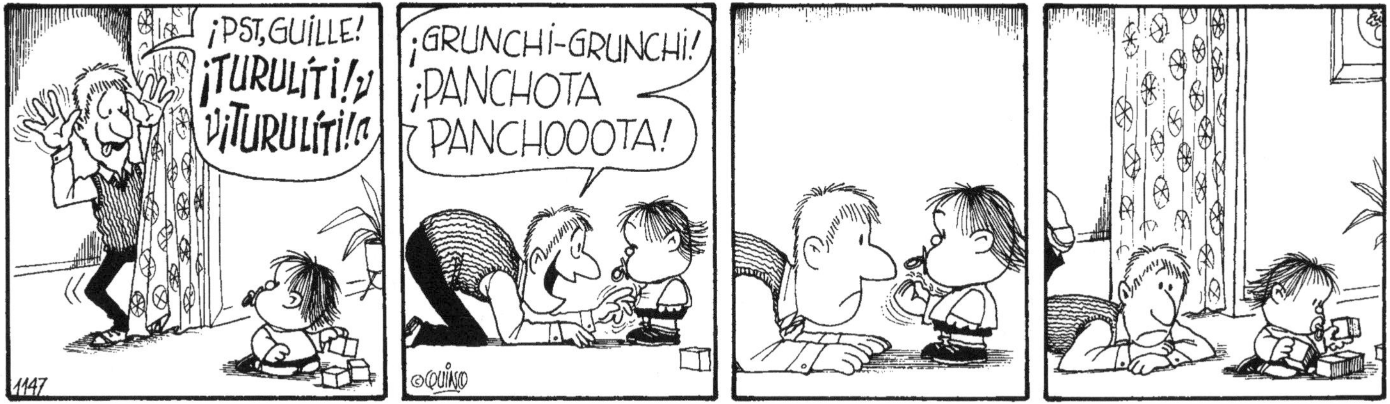
¡PST, GUILLE!
¡TURULÍTI! ¡TURULÍTI!
¡GRUNCHI-GRUNCHI! ¡PANCHOTA PANCHOOOTA!
1147
©QUINO

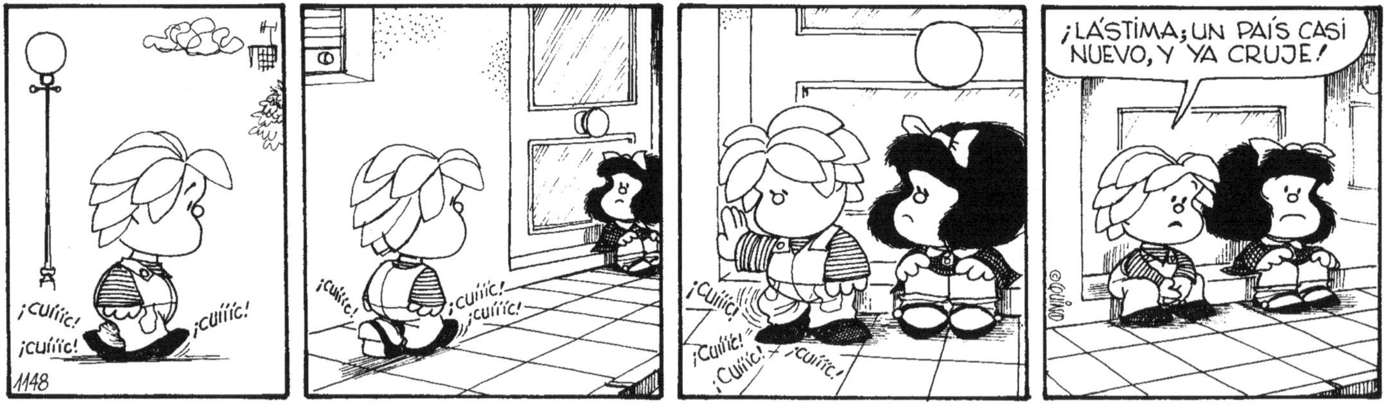
¡CUÍÍÍC!
¡CUÍÍÍC!
¡CUÍÍÍC!
1148
¡CUÍÍC!
¡CUÍÍC!
¡CUÍÍC!
¡CUÍÍC!
¡CUÍÍC!
¡CUÍÍC!
¡CUÍÍC!
¡LÁSTIMA; UN PAÍS CASI NUEVO, Y YA CRUJE!
©QUINO

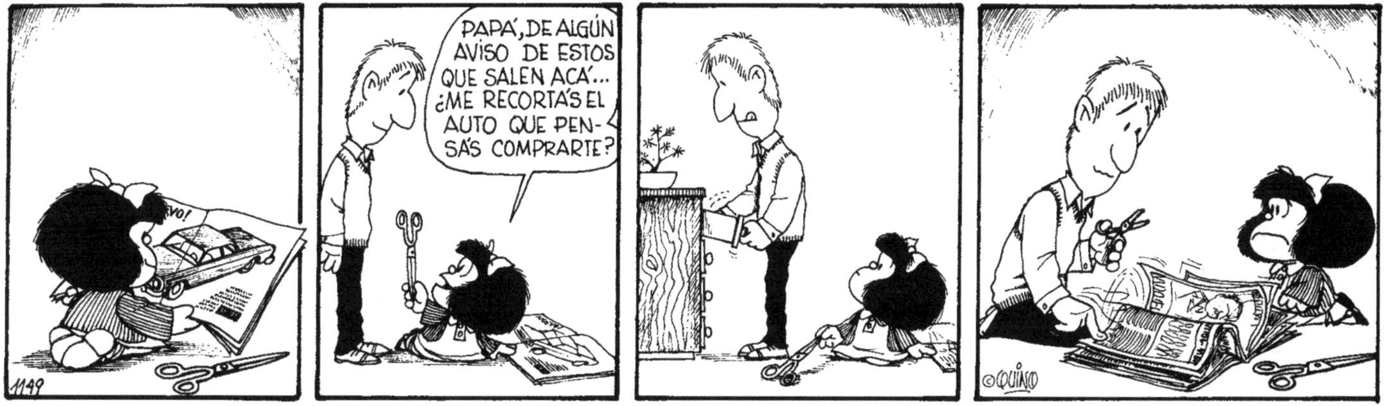
1149
PAPÁ, DE ALGÚN AVISO DE ESTOS QUE SALEN ACÁ... ¿ME RECORTÁS EL AUTO QUE PENSÁS COMPRARTE?
©QUINO

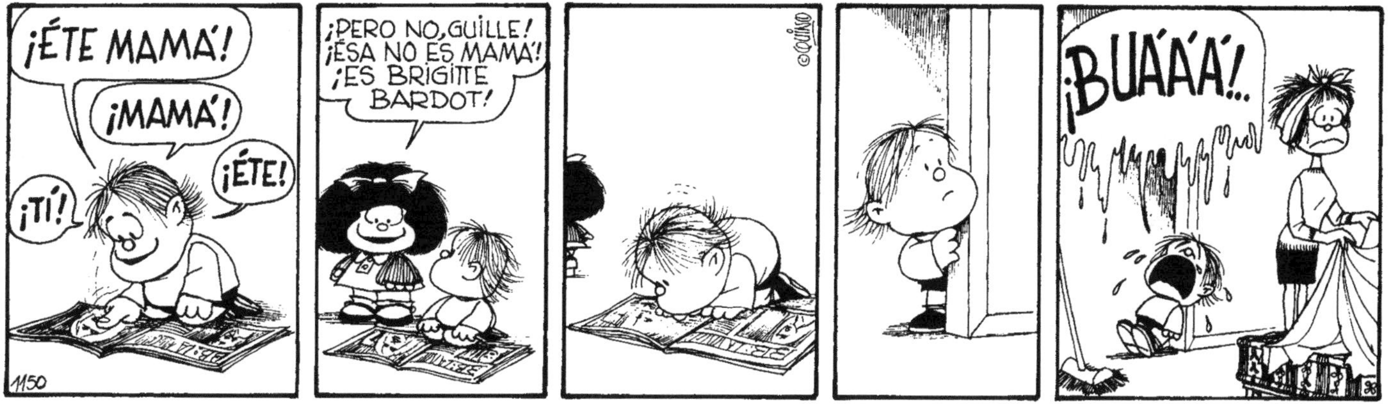
¡ÉTE MAMÁ!
¡MAMÁ!
¡TÍ!
¡ÉTE!
1150
¡PERO NO, GUILLE! ¡ÉSA NO ES MAMÁ! ¡ES BRIGITTE BARDOT!
©QUINO
¡BUÁÁÁ!..

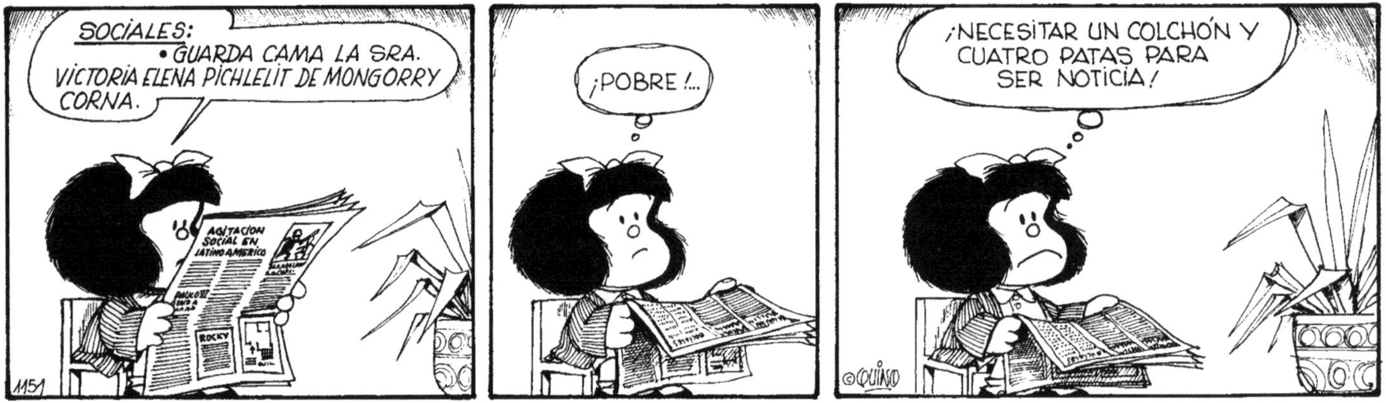
SOCIALES:
• GUARDA CAMA LA SRA. VICTORIA ELENA PICHLELIT DE MONGORRY CORNA.
AGITACION SOCIAL EN LATINOAMERICA
ROCKY
1151
¡POBRE!...
¡NECESITAR UN COLCHÓN Y CUATRO PATAS PARA SER NOTICIA!
©QUINO

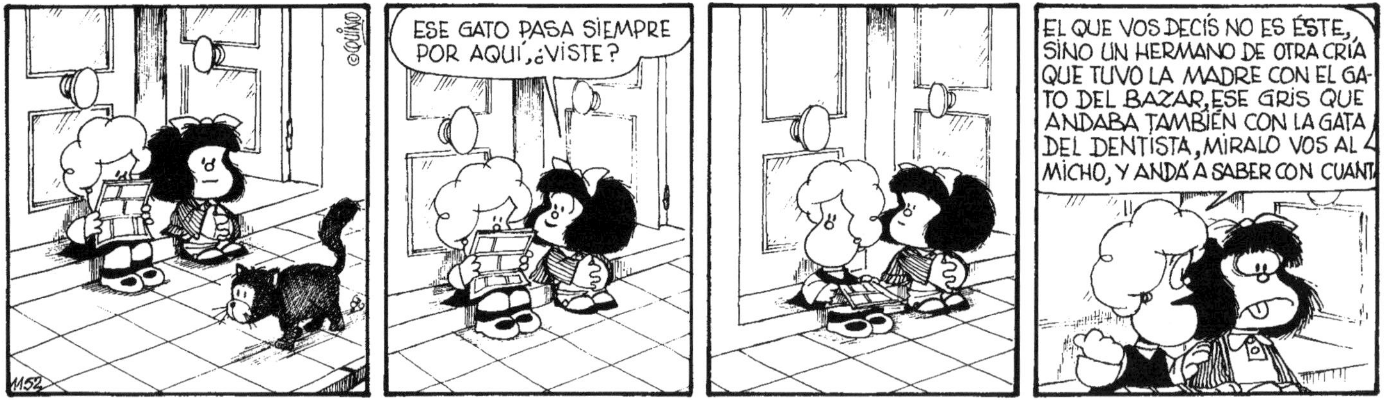
1152
©QUINO
ESE GATO PASA SIEMPRE POR AQUÍ, ¿VISTE?
EL QUE VOS DECÍS NO ES ÉSTE, SINO UN HERMANO DE OTRA CRÍA QUE TUVO LA MADRE CON EL GATO DEL BAZAR, ESE GRIS QUE ANDABA TAMBIÉN CON LA GATA DEL DENTISTA, MIRALO VOS AL MICHO, Y ANDÁ A SABER CON CUANT

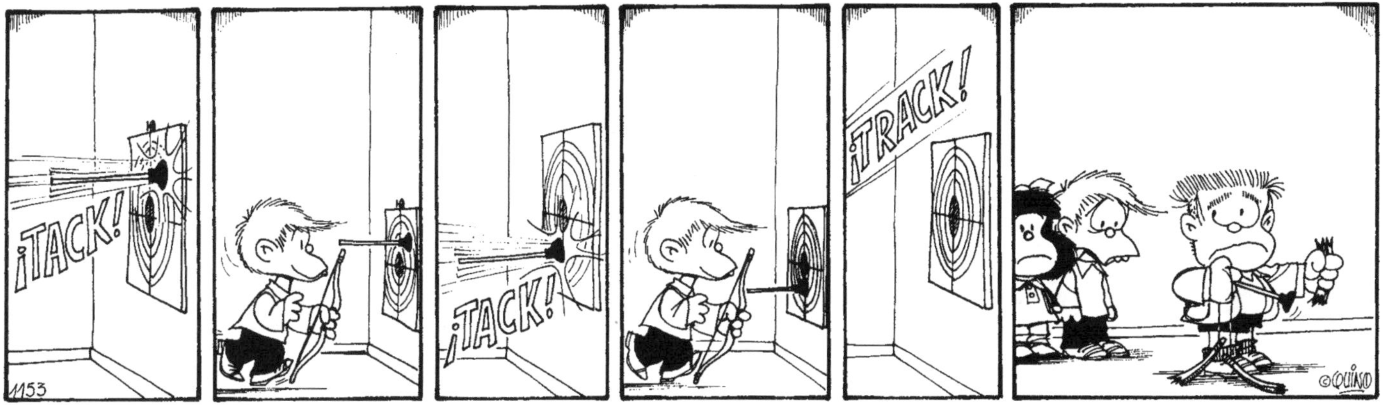
¡TACK!
¡TACK!
¡TRACK!
1153
©QUINO

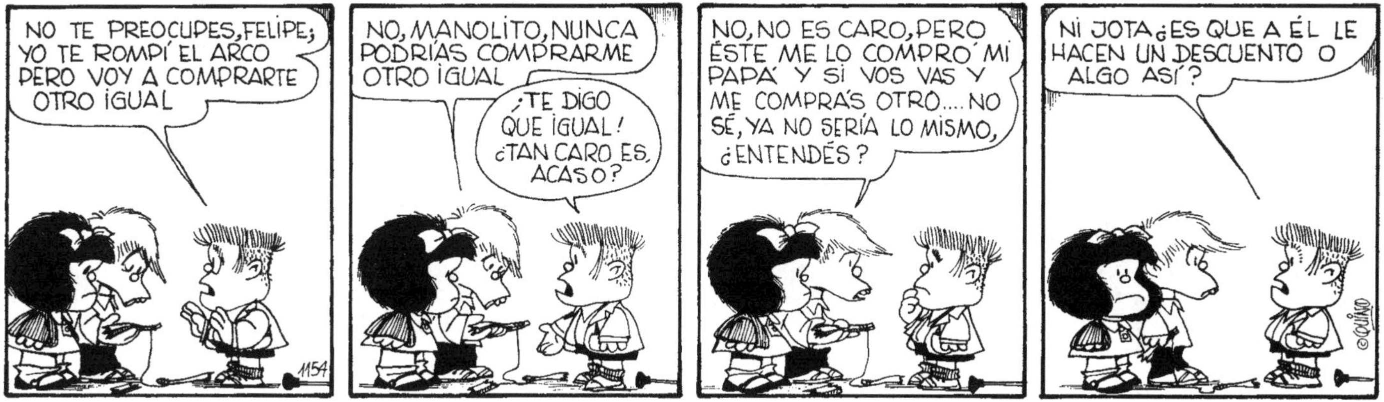
NO TE PREOCUPES, FELIPE; YO TE ROMPÍ EL ARCO PERO VOY A COMPRARTE OTRO IGUAL
NO, MANOLITO, NUNCA PODRÍAS COMPRARME OTRO IGUAL
¡TE DIGO QUE IGUAL! ¿TAN CARO ES, ACASO?
NO, NO ES CARO, PERO ÉSTE ME LO COMPRÓ MI PAPÁ Y SI VOS VAS Y ME COMPRÁS OTRO.... NO SÉ, YA NO SERÍA LO MISMO, ¿ENTENDÉS?
NI JOTA ¿ES QUE A ÉL LE HACEN UN DESCUENTO O ALGO ASÍ?
1154
©QUINO

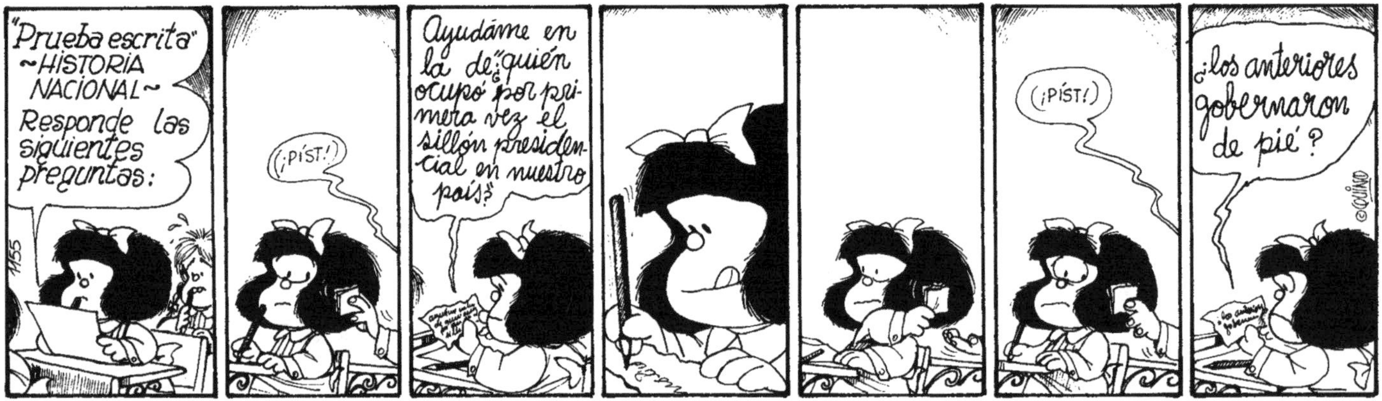
"Prueba escrita" ~HISTORIA NACIONAL~ Responde las siguientes preguntas:
1155
(¡PÍST!)
Ayudáme en la de "¿quién ocupó por primera vez el sillón presidencial en nuestro país?"
(¡PÍST!)
¿los anteriores gobernaron de pié?
©QUINO

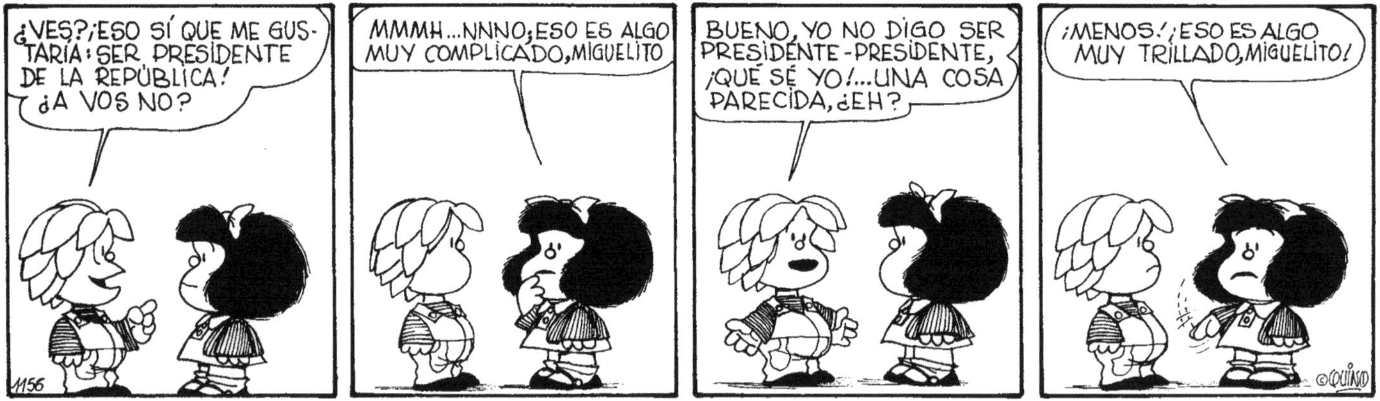
¿VES?¡ESO SÍ QUE ME GUSTARÍA: SER PRESIDENTE DE LA REPÚBLICA! ¿A VOS NO?
1156
MMMH...NNNO; ESO ES ALGO MUY COMPLICADO, MIGUELITO
BUENO, YO NO DIGO SER PRESIDENTE-PRESIDENTE, ¡QUÉ SÉ YO!...UNA COSA PARECIDA, ¿EH?
¡MENOS!¡ESO ES ALGO MUY TRILLADO, MIGUELITO!
©QUINO

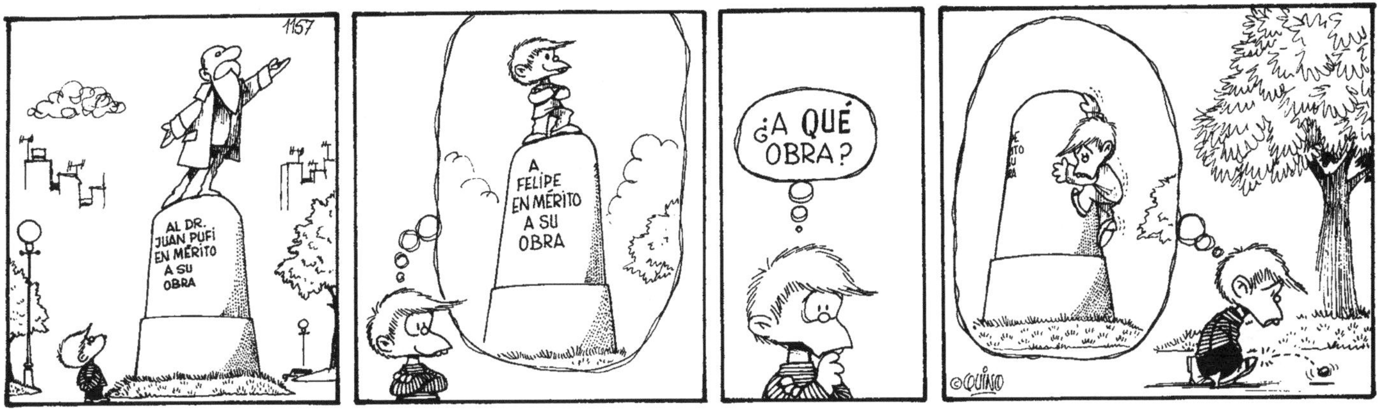
1157
AL DR. JUAN PUFI EN MÉRITO A SU OBRA
A FELIPE EN MÉRITO A SU OBRA
¿A QUÉ OBRA?
©QUINO

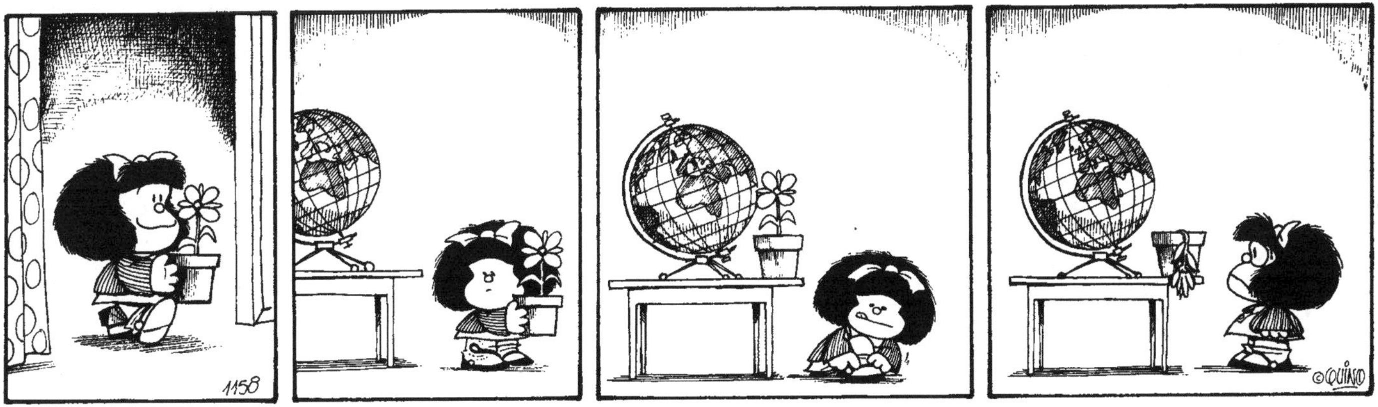
1158
©QUINO

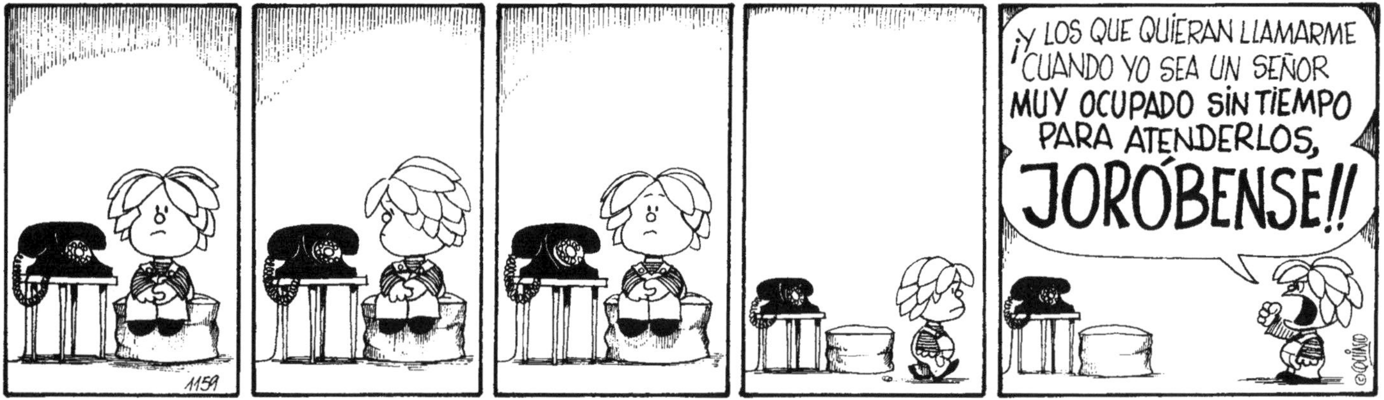
1159
¡Y LOS QUE QUIERAN LLAMARME CUANDO YO SEA UN SEÑOR MUY OCUPADO SIN TIEMPO PARA ATENDERLOS, JORÓBENSE!!
©QUINO

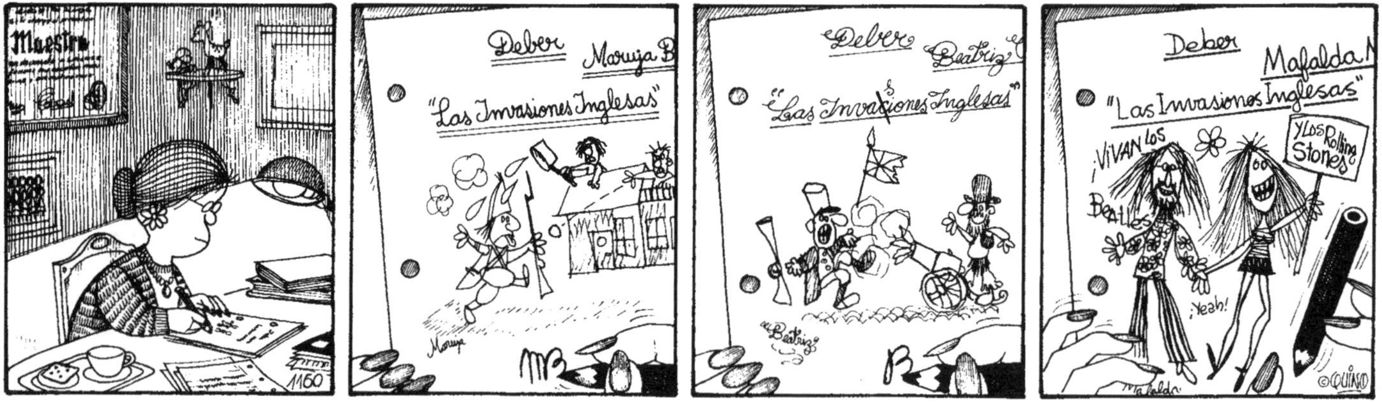
Maestra
1160
Deber
Maruja B
"Las Invasiones Inglesas"
Maruja
MB
Deber
Beatriz
"Las Invasiones Inglesas"
Beatriz
B
Deber
Mafalda M
"Las Invasiones Inglesas"
¡VIVAN LOS Beatles
Y LOS Rolling Stones
¡Yeah!
Mafalda
©QUINO

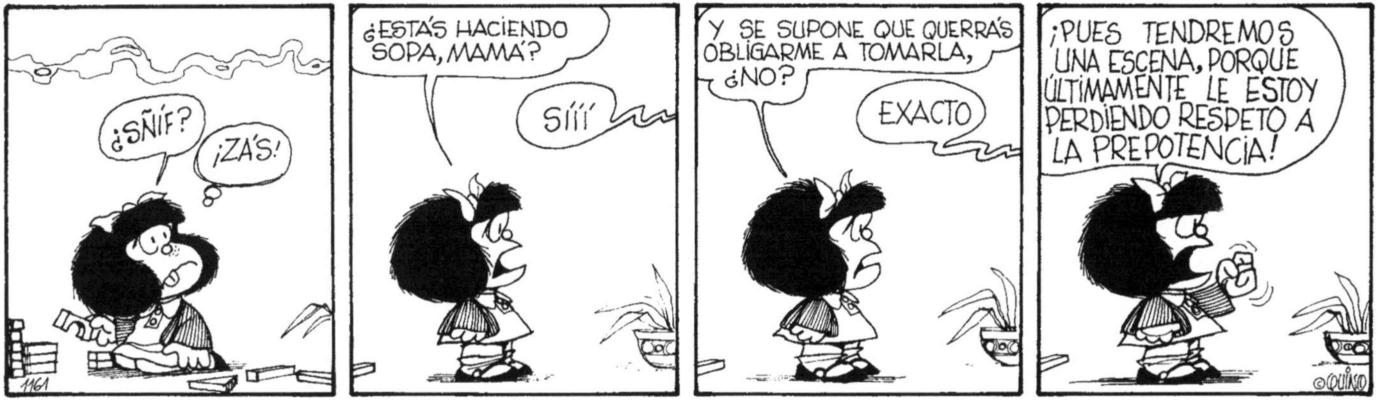

¿SÑIF?
¡ZA'S!
1161
¿ESTA'S HACIENDO SOPA, MAMA'?
SI'I'I'
Y SE SUPONE QUE QUERRA'S OBLIGARME A TOMARLA, ¿NO?
EXACTO
¡PUES TENDREMOS UNA ESCENA, PORQUE ÚLTIMAMENTE LE ESTOY PERDIENDO RESPETO A LA PREPOTENCIA!
©QUINO

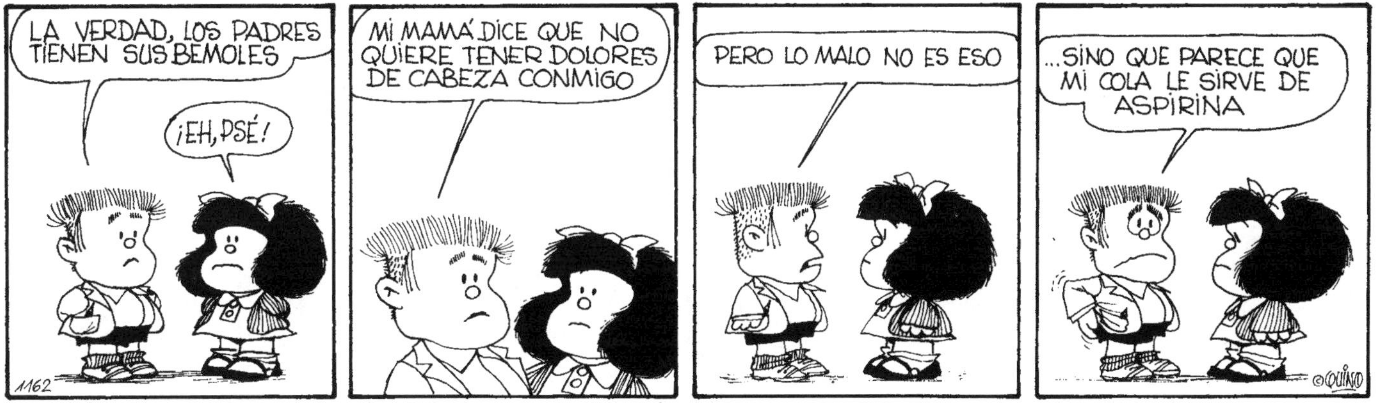

LA VERDAD, LOS PADRES TIENEN SUS BEMOLES
¡EH, PSÉ!
1162
MI MAMA' DICE QUE NO QUIERE TENER DOLORES DE CABEZA CONMIGO
PERO LO MALO NO ES ESO
...SINO QUE PARECE QUE MI COLA LE SIRVE DE ASPIRINA
©QUINO

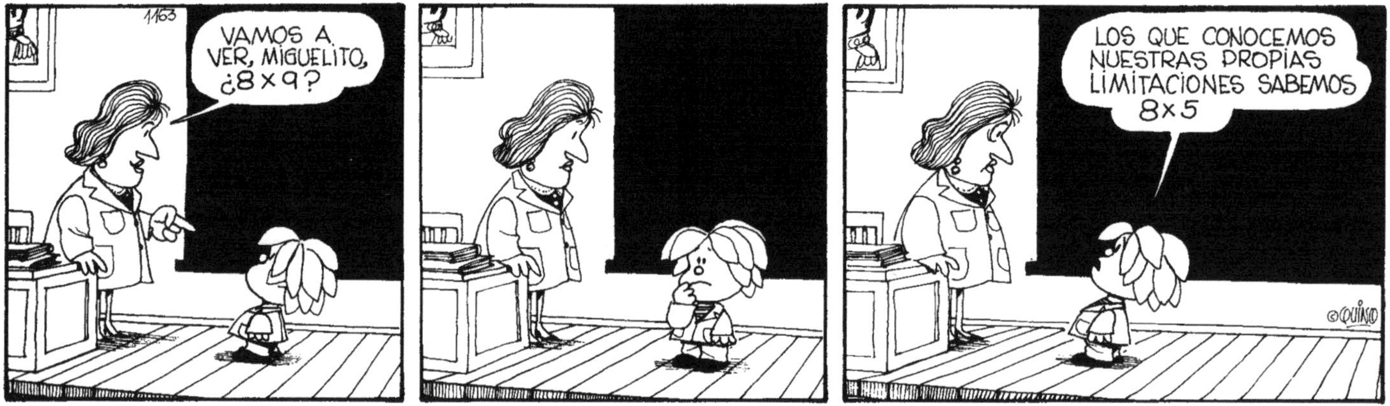
1163
VAMOS A VER, MIGUELITO, ¿8 x 9?
LOS QUE CONOCEMOS NUESTRAS PROPIAS LIMITACIONES SABEMOS 8 x 5
©QUINO

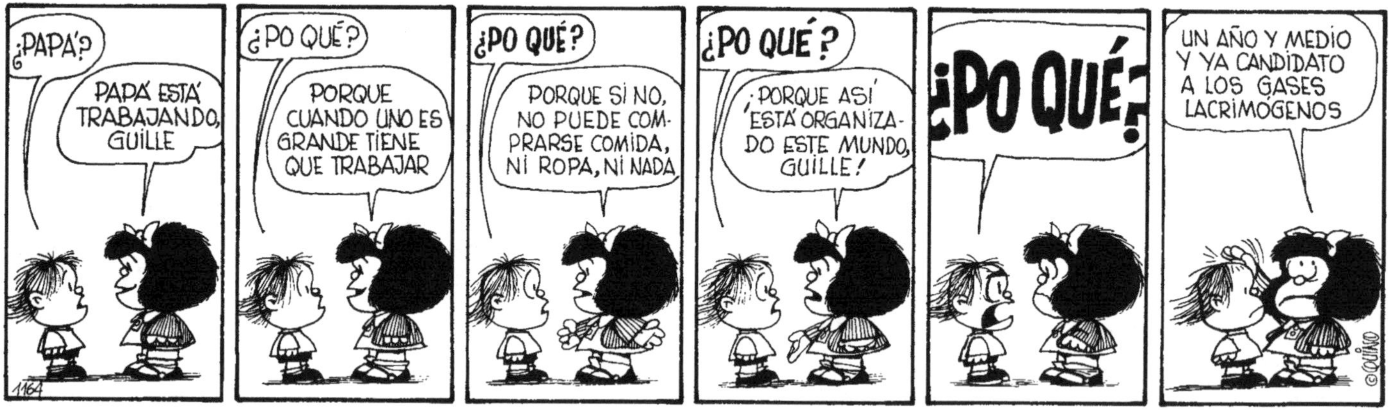
1164
¿PAPÁ?
PAPÁ ESTÁ TRABAJANDO, GUILLE
¿PO QUÉ?
PORQUE CUANDO UNO ES GRANDE TIENE QUE TRABAJAR
¿PO QUÉ?
PORQUE SI NO, NO PUEDE COMPRARSE COMIDA, NI ROPA, NI NADA
¿PO QUÉ?
¡PORQUE ASÍ ESTÁ ORGANIZADO ESTE MUNDO, GUILLE!
¿PO QUÉ?
UN AÑO Y MEDIO Y YA CANDIDATO A LOS GASES LACRIMÓGENOS
©QUINO

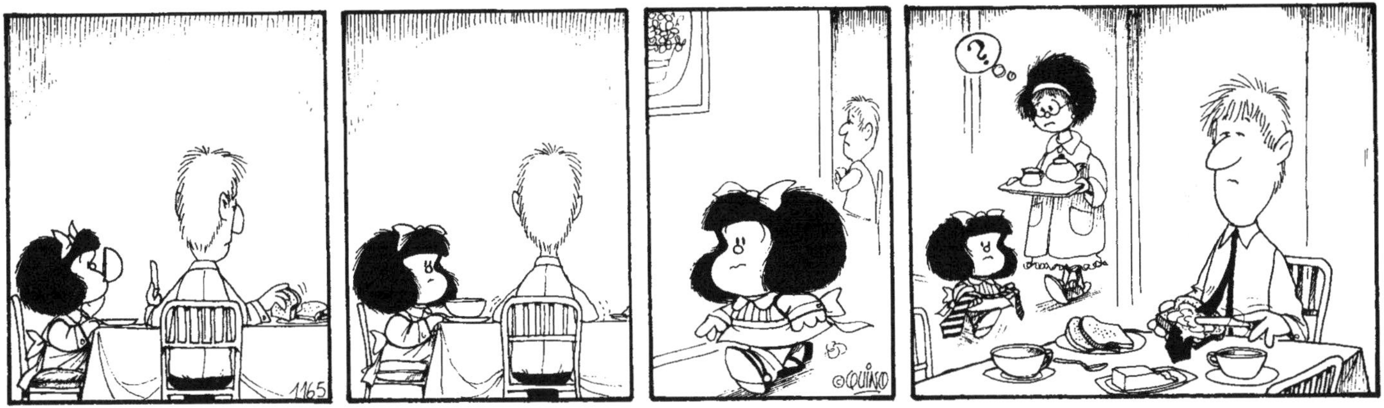
1165
?
©QUINO

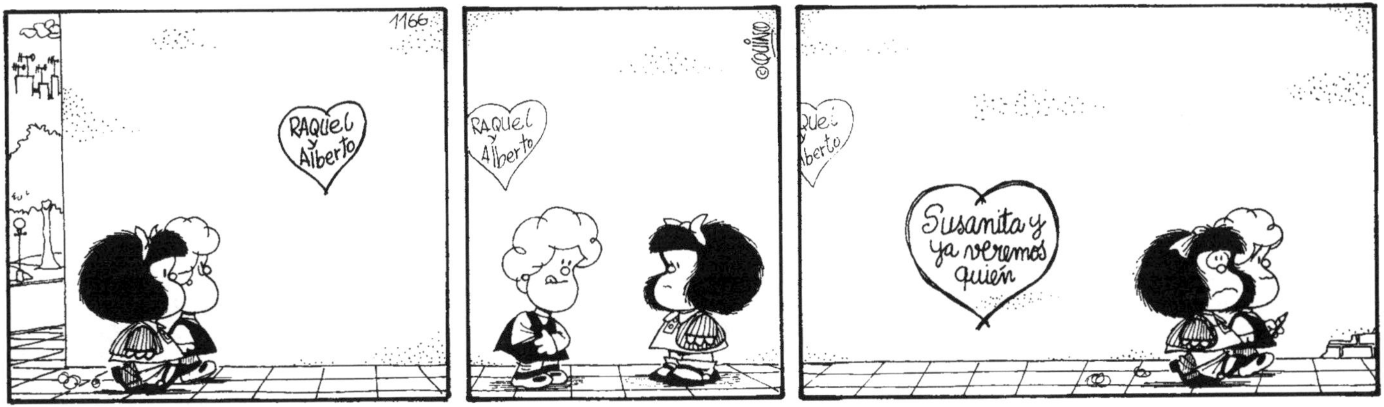
1166
RAQUEL y Alberto
©QUINO
Susanita y ya veremos quién

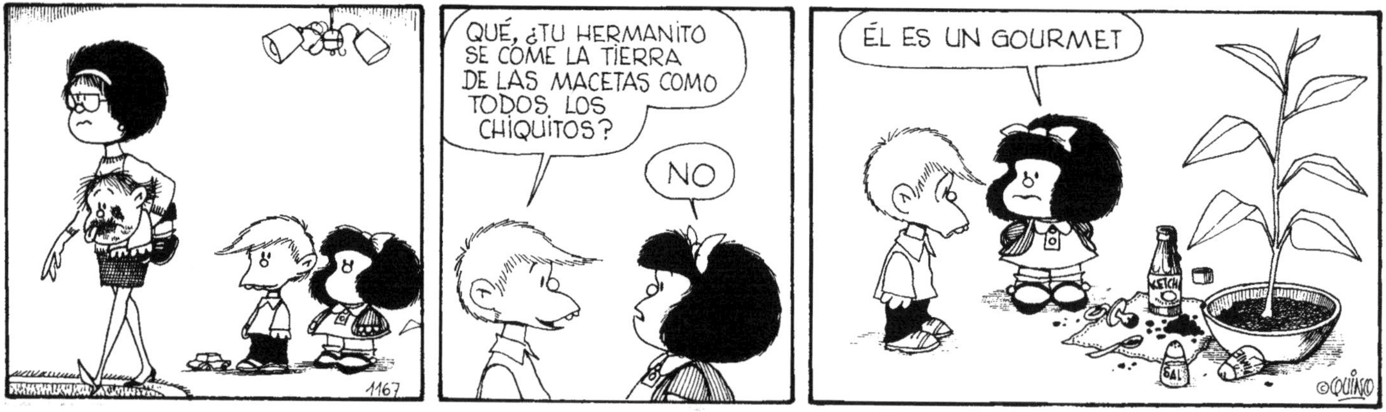
QUÉ, ¿TU HERMANITO SE COME LA TIERRA DE LAS MACETAS COMO TODOS LOS CHIQUITOS?
NO
ÉL ES UN GOURMET
1167
©QUINO

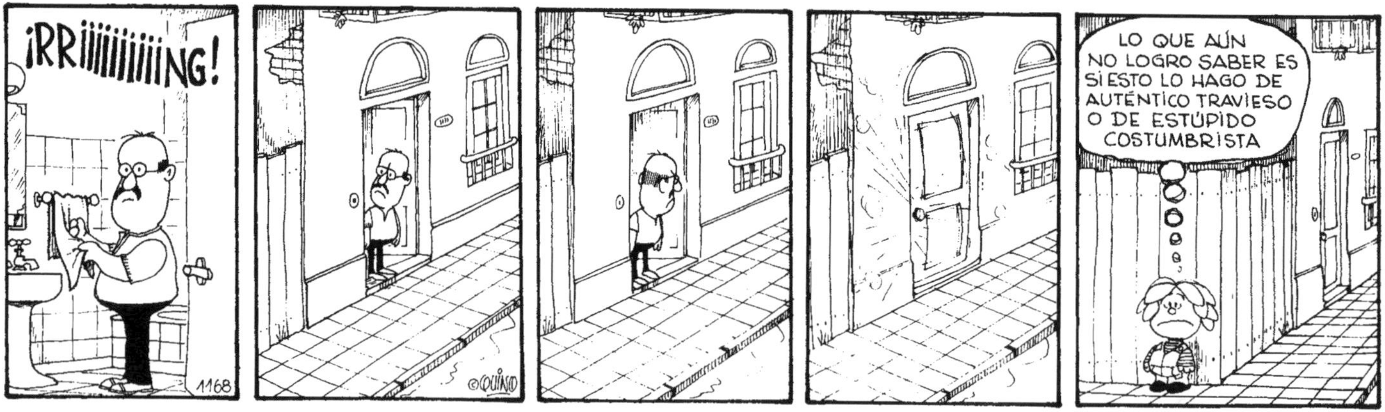
¡RRiiiiiiiiiiiNG!
1168
©QUINO
LO QUE AÚN NO LOGRO SABER ES SI ESTO LO HAGO DE AUTÉNTICO TRAVIESO O DE ESTÚPIDO COSTUMBRISTA

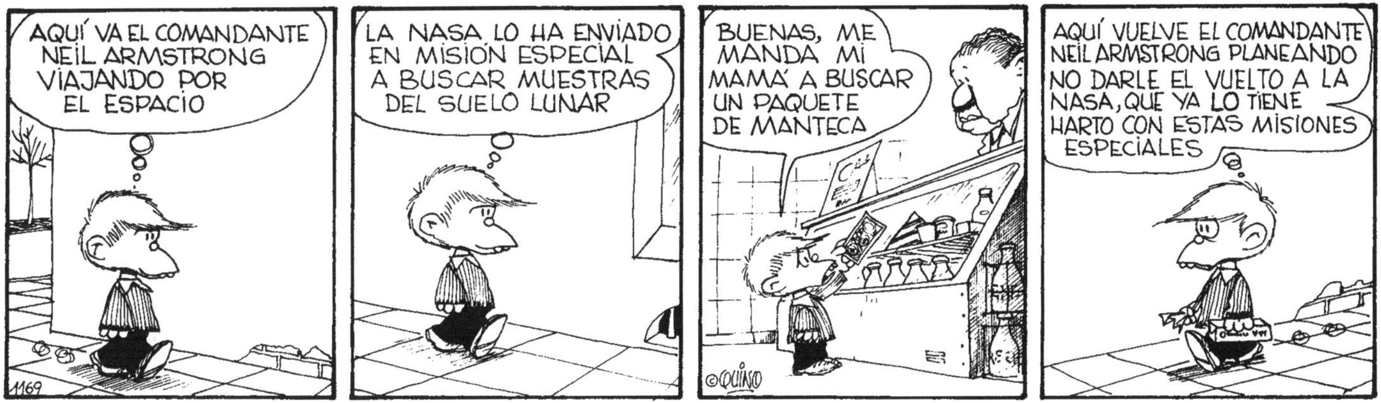
AQUÍ VA EL COMANDANTE NEIL ARMSTRONG VIAJANDO POR EL ESPACIO
1169
LA NASA LO HA ENVIADO EN MISIÓN ESPECIAL A BUSCAR MUESTRAS DEL SUELO LUNAR
BUENAS, ME MANDA MI MAMÁ A BUSCAR UN PAQUETE DE MANTECA
©QUINO
AQUÍ VUELVE EL COMANDANTE NEIL ARMSTRONG PLANEANDO NO DARLE EL VUELTO A LA NASA, QUE YA LO TIENE HARTO CON ESTAS MISIONES ESPECIALES

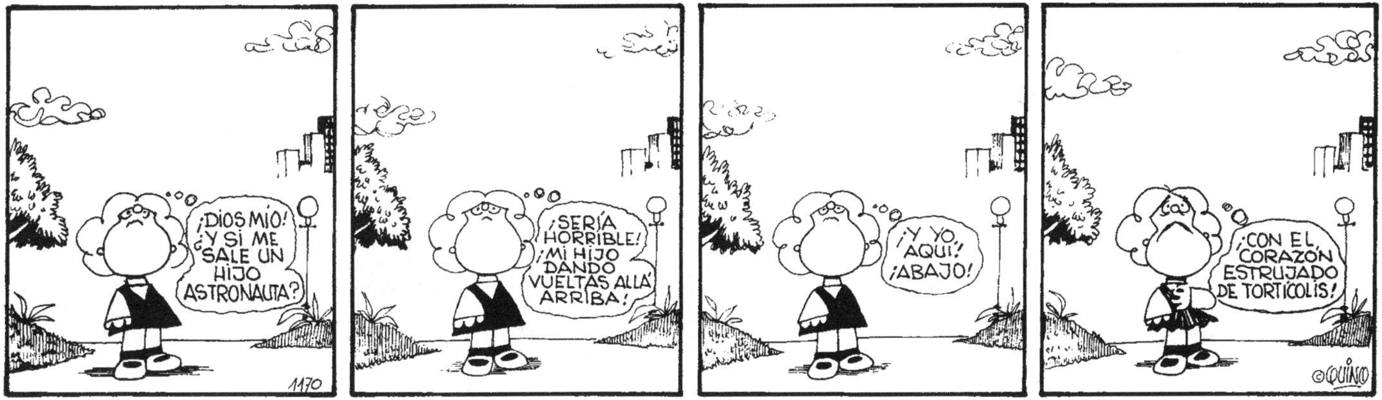
¡DIOS MÍO! ¿Y SI ME SALE UN HIJO ASTRONAUTA?
1170
¡SERÍA HORRIBLE! ¡MI HIJO DANDO VUELTAS ALLÁ ARRIBA!
¡Y YO, AQUÍ! ¡ABAJO!
¡CON EL CORAZÓN ESTRUJADO DE TORTÍCOLIS!
©QUINO

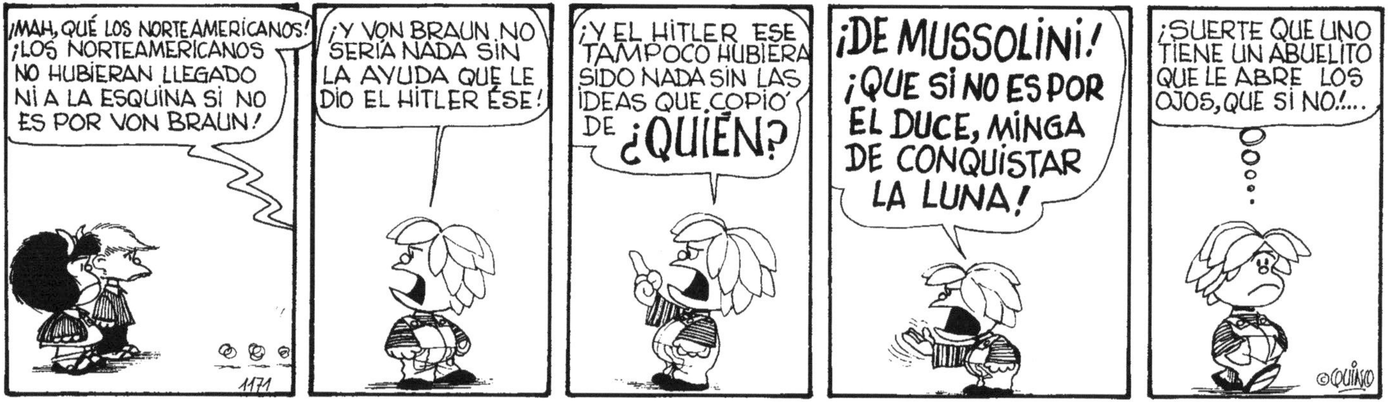
¡MAH, QUÉ LOS NORTEAMERICANOS! ¡LOS NORTEAMERICANOS NO HUBIERAN LLEGADO NI A LA ESQUINA SI NO ES POR VON BRAUN!
1171
¡Y VON BRAUN NO SERÍA NADA SIN LA AYUDA QUE LE DIO EL HITLER ÉSE!
¡Y EL HITLER ESE TAMPOCO HUBIERA SIDO NADA SIN LAS IDEAS QUE COPIÓ DE ¿QUIÉN?
¡DE MUSSOLINI! ¡QUE SI NO ES POR EL DUCE, MINGA DE CONQUISTAR LA LUNA!
¡SUERTE QUE UNO TIENE UN ABUELITO QUE LE ABRE LOS OJOS, QUE SI NO!...
©QUINO

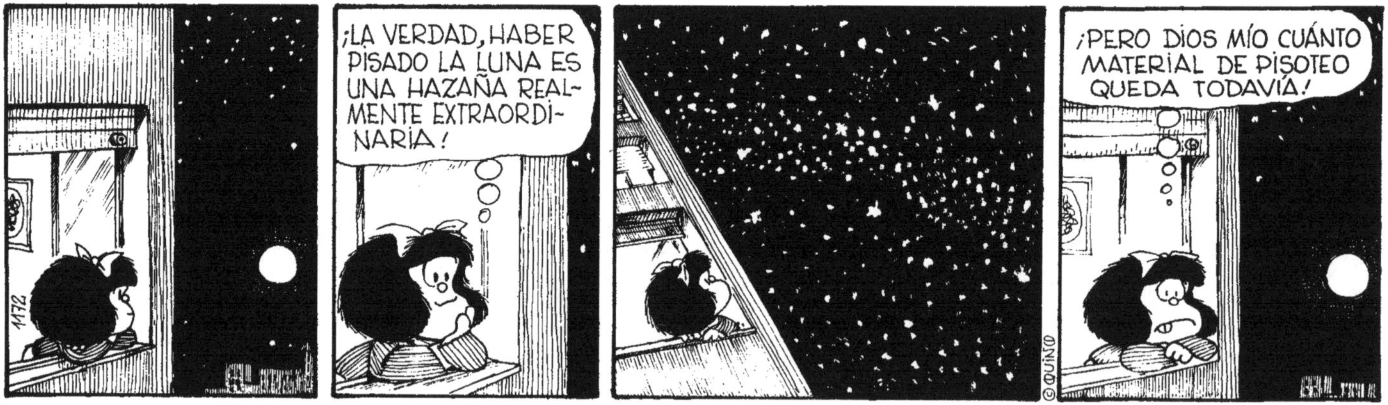
1172
¡LA VERDAD, HABER PISADO LA LUNA ES UNA HAZAÑA REALMENTE EXTRAORDINARIA!
©QUINO
¡PERO DIOS MÍO CUÁNTO MATERIAL DE PISOTEO QUEDA TODAVÍA!

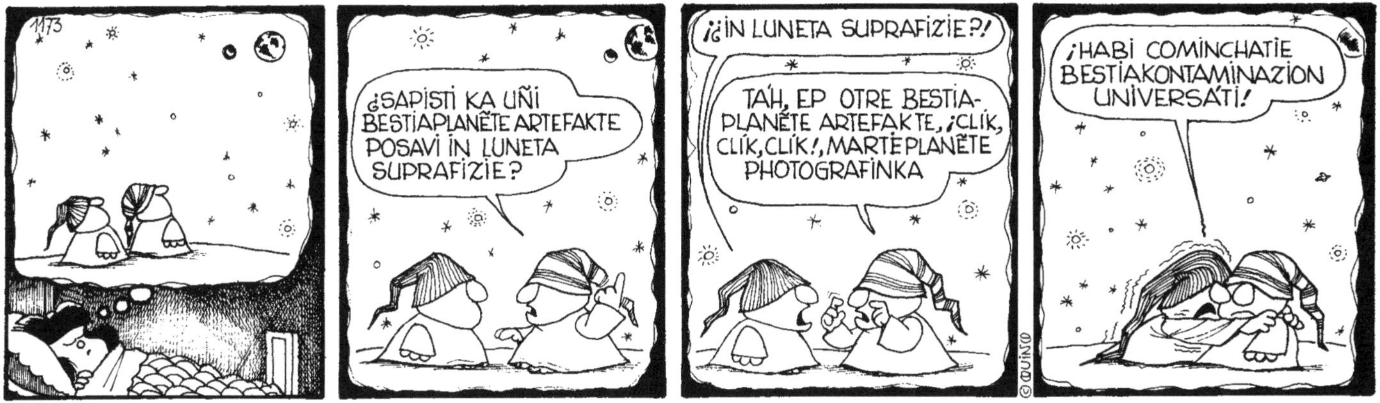
1173
¿SAPISTI KA UÑI BESTIAPLANËTE ARTEFAKTE POSAVI IN LUNETA SUPRAFIZIE?
¡¿IN LUNETA SUPRAFIZIE?!
TA'H, EP OTRE BESTIAPLANËTE ARTEFAKTE, ¡CLÍK, CLÍK, CLÍK!, MARTEPLANËTE PHOTOGRAFINKA
¡HABI COMINCHATIE BESTIAKONTAMINAZION UNIVERSÁTI!
© QUINO

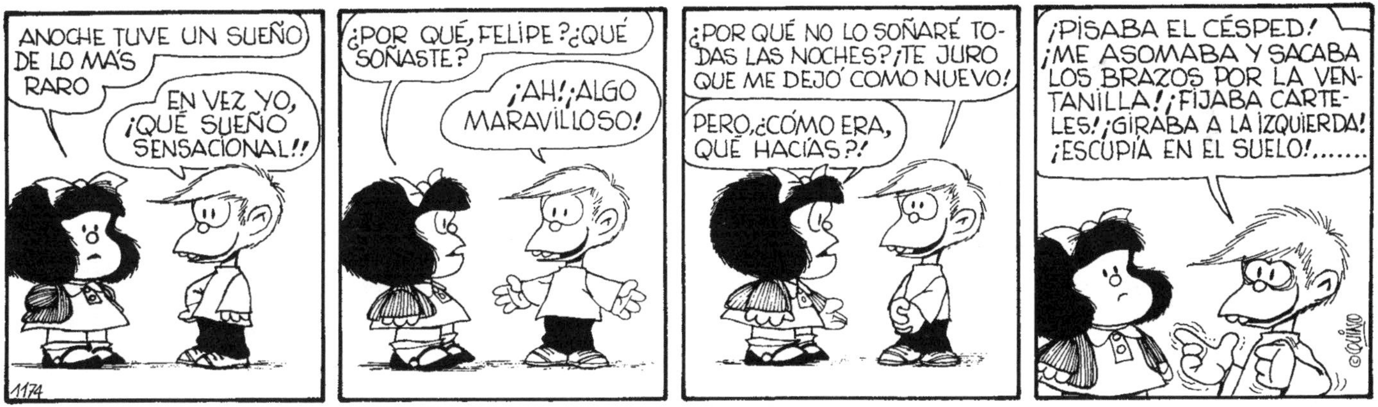
ANOCHE TUVE UN SUEÑO DE LO MÁS RARO
EN VEZ YO, ¡QUÉ SUEÑO SENSACIONAL!!
1174
¿POR QUÉ, FELIPE? ¿QUÉ SOÑASTE?
¡AH! ¡ALGO MARAVILLOSO!
¿POR QUÉ NO LO SOÑARÉ TODAS LAS NOCHES? ¡TE JURO QUE ME DEJÓ COMO NUEVO!
PERO, ¿CÓMO ERA, QUÉ HACÍAS?!
¡PISABA EL CÉSPED! ¡ME ASOMABA Y SACABA LOS BRAZOS POR LA VENTANILLA! ¡FIJABA CARTELES! ¡GIRABA A LA IZQUIERDA! ¡ESCUPÍA EN EL SUELO!......
© QUINO

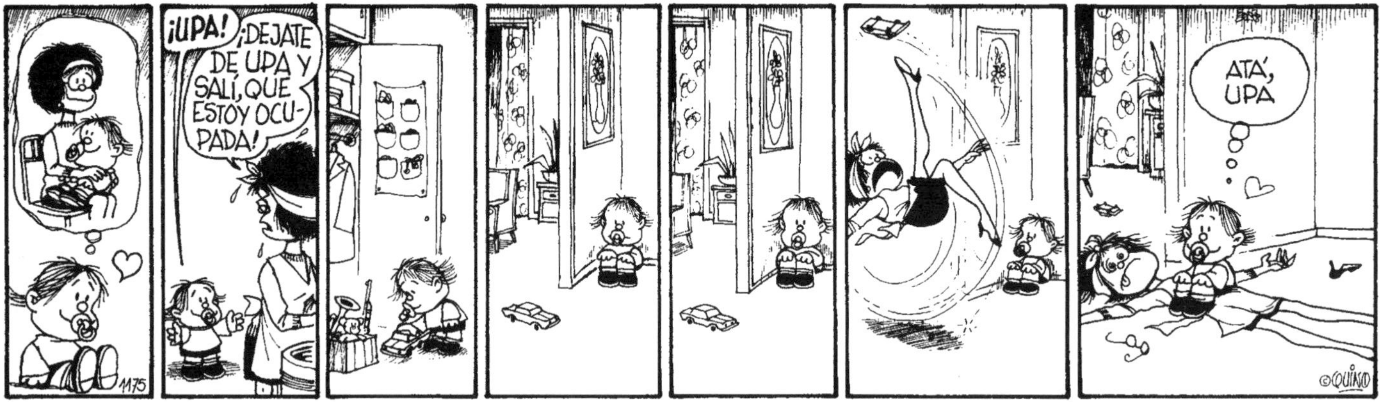
¡UPA!
¡DEJATE DE UPA Y SALÍ, QUE ESTOY OCU-PADA!
ATÁ, UPA
1175
©QUINO

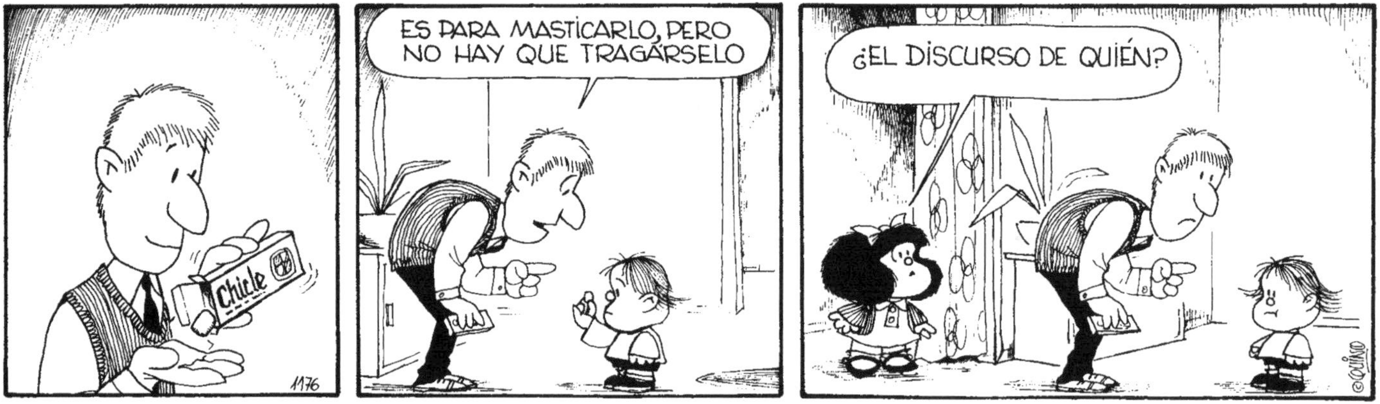
Chicle
1176
ES PARA MASTICARLO, PERO NO HAY QUE TRAGÁRSELO
¿EL DISCURSO DE QUIÉN?
©QUINO

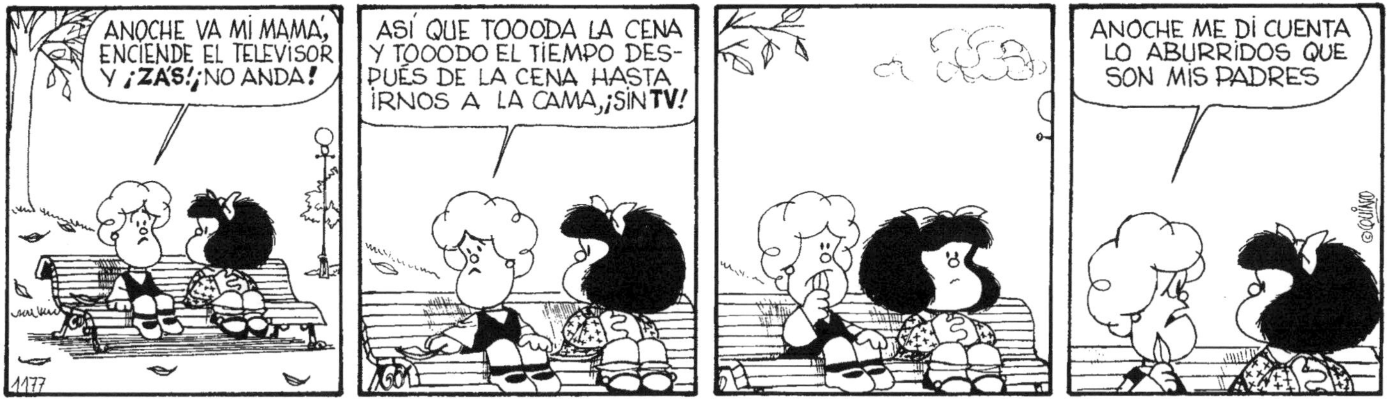
ANOCHE VA MI MAMÁ, ENCIENDE EL TELEVISOR Y ¡ZÁS! ¡NO ANDA!
1177
ASÍ QUE TOOODA LA CENA Y TOOODO EL TIEMPO DESPUÉS DE LA CENA HASTA IRNOS A LA CAMA, ¡SIN TV!
ANOCHE ME DI CUENTA LO ABURRIDOS QUE SON MIS PADRES
©QUINO

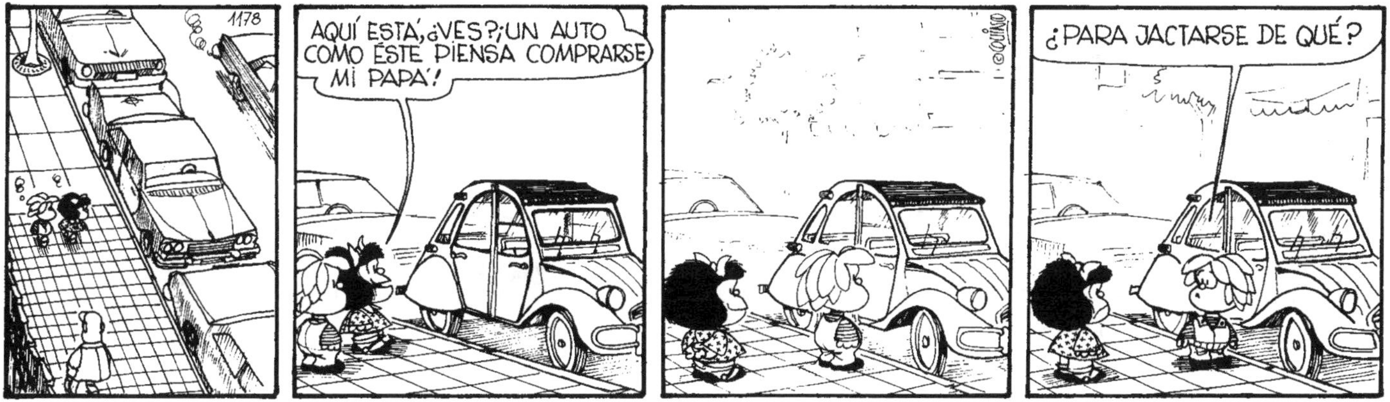
1178
AQUÍ ESTÁ, ¿VES? ¡UN AUTO COMO ÉSTE PIENSA COMPRARSE MI PAPÁ!
©QUINO
¿PARA JACTARSE DE QUÉ?

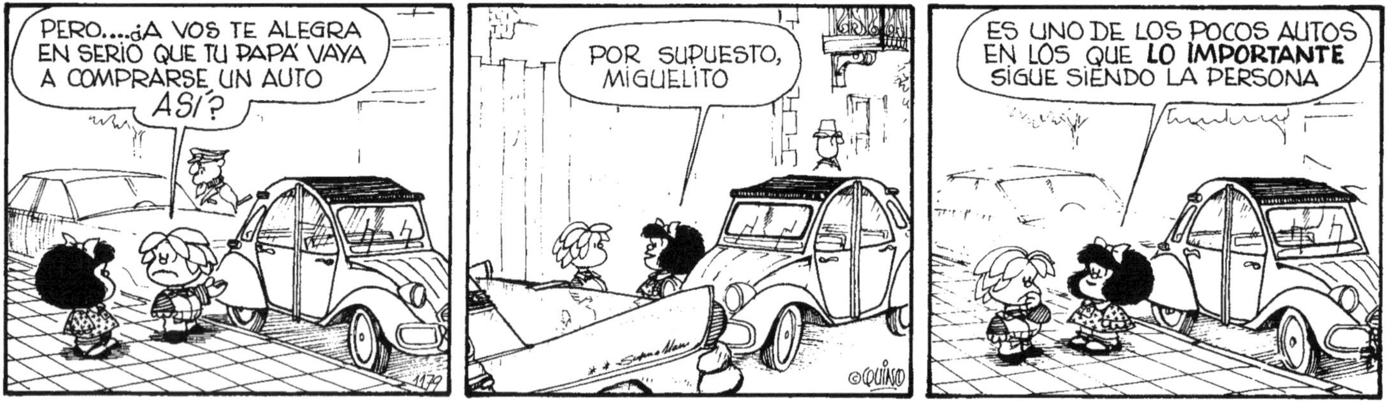
PERO....¿A VOS TE ALEGRA EN SERIO QUE TU PAPÁ VAYA A COMPRARSE UN AUTO ASÍ?
1179
POR SUPUESTO, MIGUELITO
©QUINO
ES UNO DE LOS POCOS AUTOS EN LOS QUE **LO IMPORTANTE** SIGUE SIENDO LA PERSONA

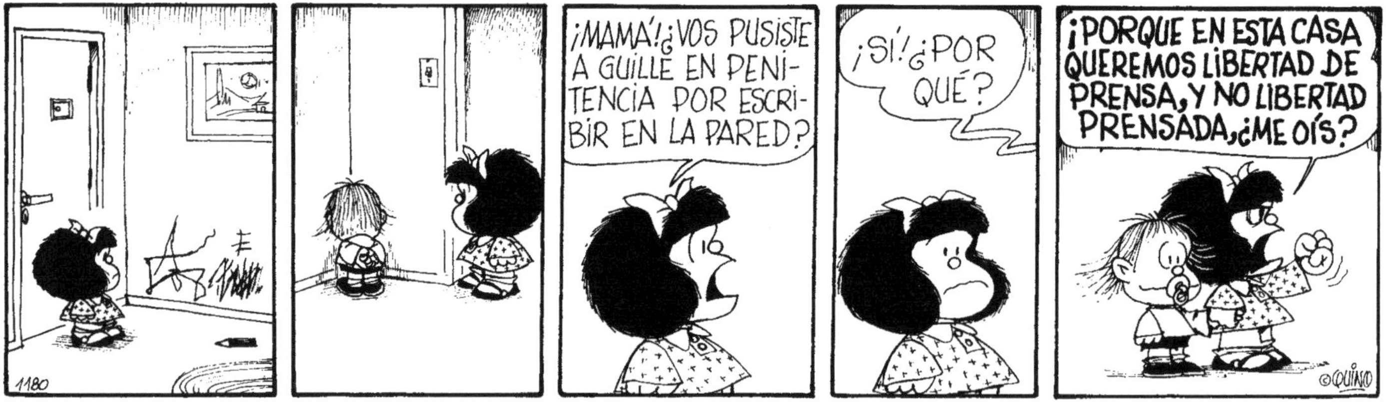
1180
¡MAMÁ! ¿VOS PUSISTE A GUILLE EN PENITENCIA POR ESCRIBIR EN LA PARED?
¡SÍ! ¿POR QUÉ?
¡PORQUE EN ESTA CASA QUEREMOS LIBERTAD DE PRENSA, Y NO LIBERTAD PRENSADA, ¿ME OÍS?
©QUINO

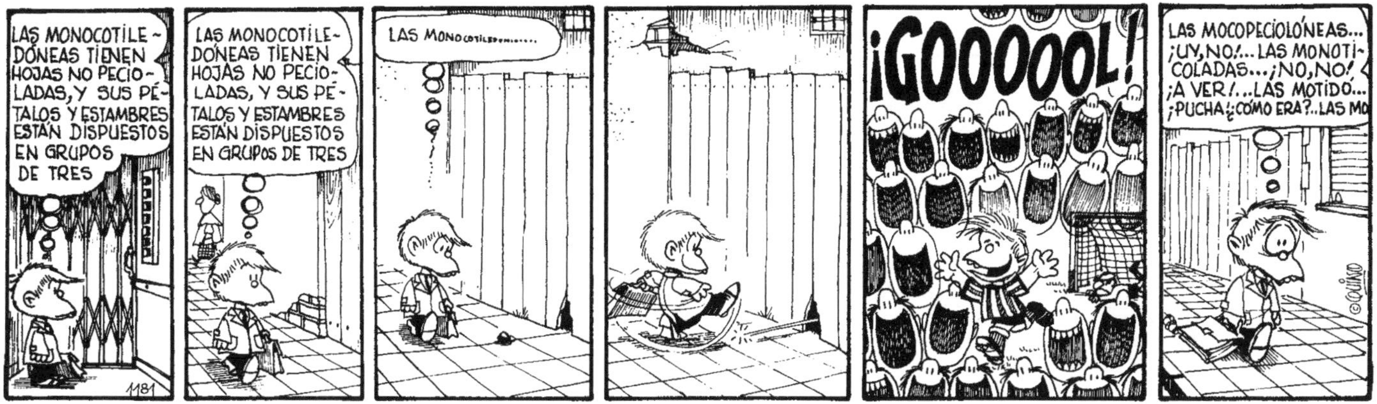
LAS MONOCOTILEDÓNEAS TIENEN HOJAS NO PECIOLADAS, Y SUS PÉTALOS Y ESTAMBRES ESTÁN DISPUESTOS EN GRUPOS DE TRES
1181
LAS MONOCOTILEDÓNEAS TIENEN HOJAS NO PECIOLADAS, Y SUS PÉTALOS Y ESTAMBRES ESTÁN DISPUESTOS EN GRUPOS DE TRES
LAS MONOCOTILEDONI.....
¡GOOOOOL!
LAS MOCOPECIOLÓNEAS... ¡UY, NO!... LAS MONOTICOLADAS... ¡NO, NO! ¡A VER!... LAS MOTIDÓ... ¡PUCHA! ¿CÓMO ERA?.. LAS MO
© QUINO

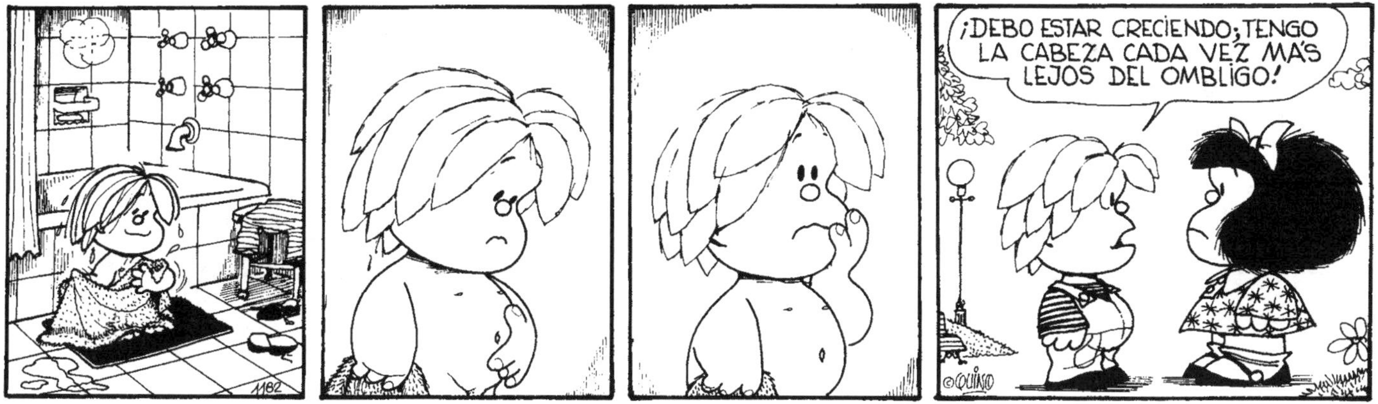
1182
¡DEBO ESTAR CRECIENDO; TENGO LA CABEZA CADA VEZ MÁS LEJOS DEL OMBLIGO!
© QUINO

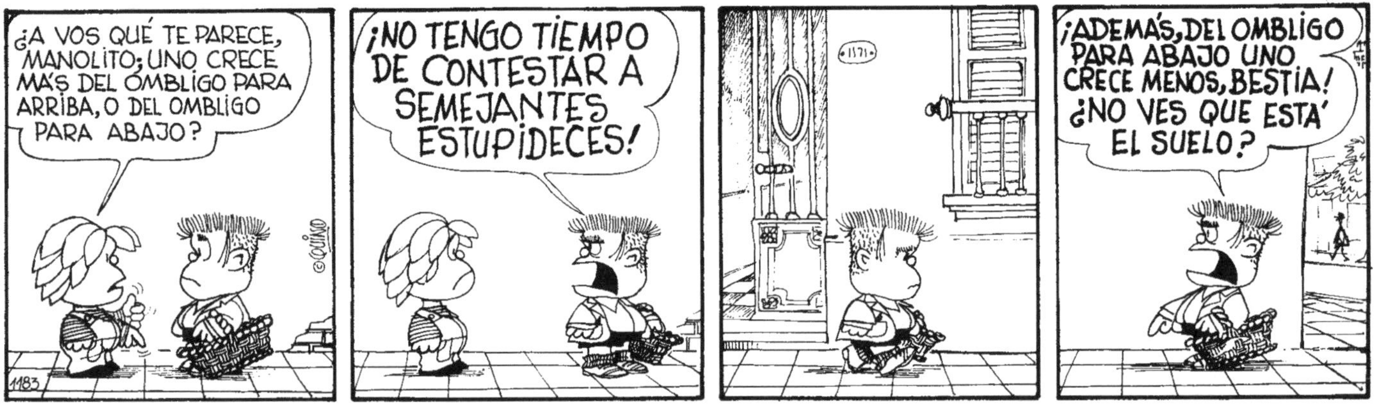

¿A VOS QUÉ TE PARECE, MANOLITO; UNO CRECE MÁS DEL OMBLIGO PARA ARRIBA, O DEL OMBLIGO PARA ABAJO?
1183
©QUINO
¡NO TENGO TIEMPO DE CONTESTAR A SEMEJANTES ESTUPIDECES!
¡ADEMÁS, DEL OMBLIGO PARA ABAJO UNO CRECE MENOS, BESTIA! ¿NO VES QUE ESTÁ EL SUELO?

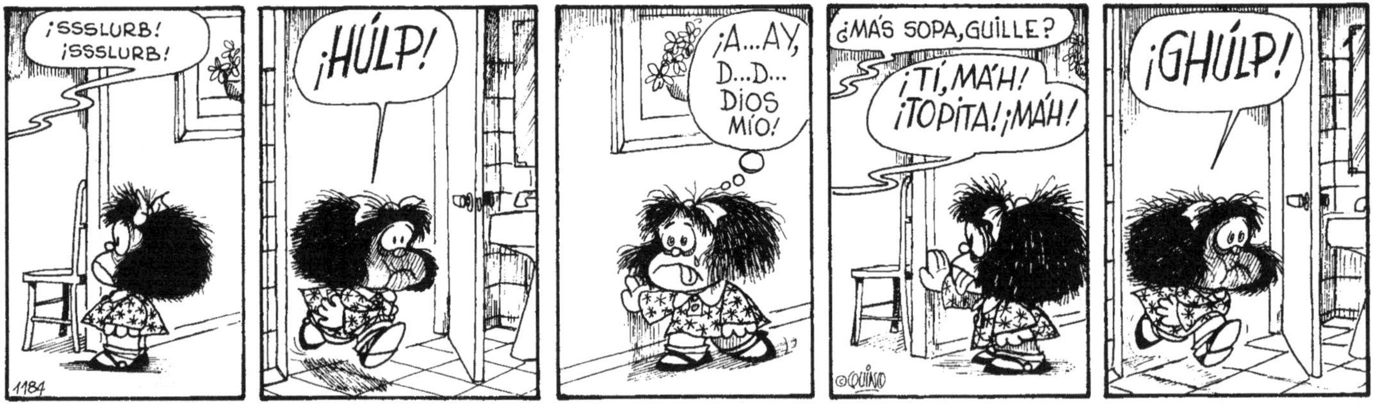

¡SSSLURB! ¡SSSLURB!
1184
¡HÚLP!
¡A...AY, D...D... DIOS MÍO!
¿MÁS SOPA, GUILLE?
¡TÍ, MÁH! ¡TOPITA! ¡MÁH!
©QUINO
¡GHÚLP!

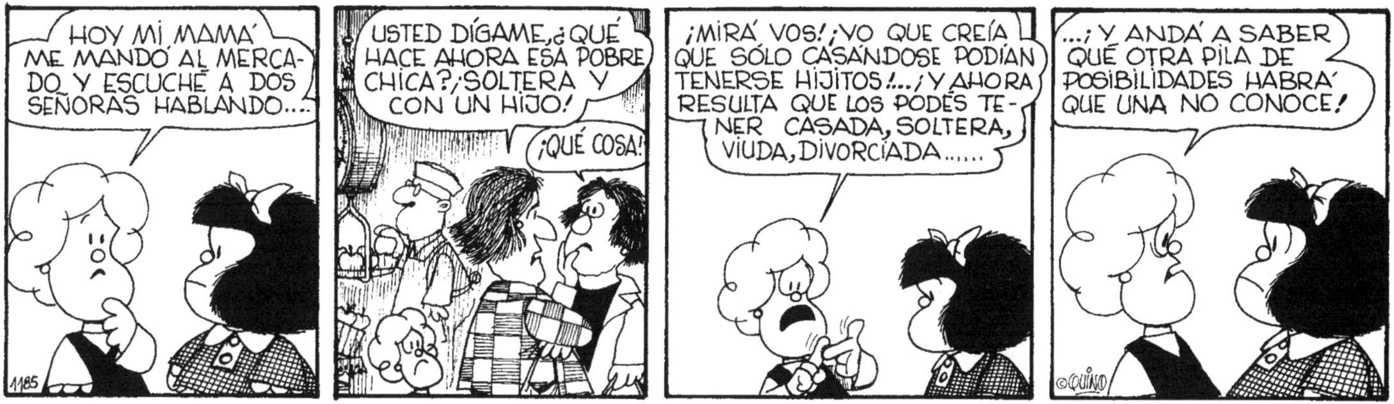
1185
HOY MI MAMÁ ME MANDÓ AL MERCADO Y ESCUCHÉ A DOS SEÑORAS HABLANDO....
USTED DÍGAME, ¿QUÉ HACE AHORA ESA POBRE CHICA? ¡SOLTERA Y CON UN HIJO!
¡QUÉ COSA!
¡MIRÁ VOS! ¡YO QUE CREÍA QUE SÓLO CASÁNDOSE PODÍAN TENERSE HIJITOS!... ¡Y AHORA RESULTA QUE LOS PODÉS TENER CASADA, SOLTERA, VIUDA, DIVORCIADA......
...¡Y ANDÁ A SABER QUÉ OTRA PILA DE POSIBILIDADES HABRÁ QUE UNA NO CONOCE!
©QUINO

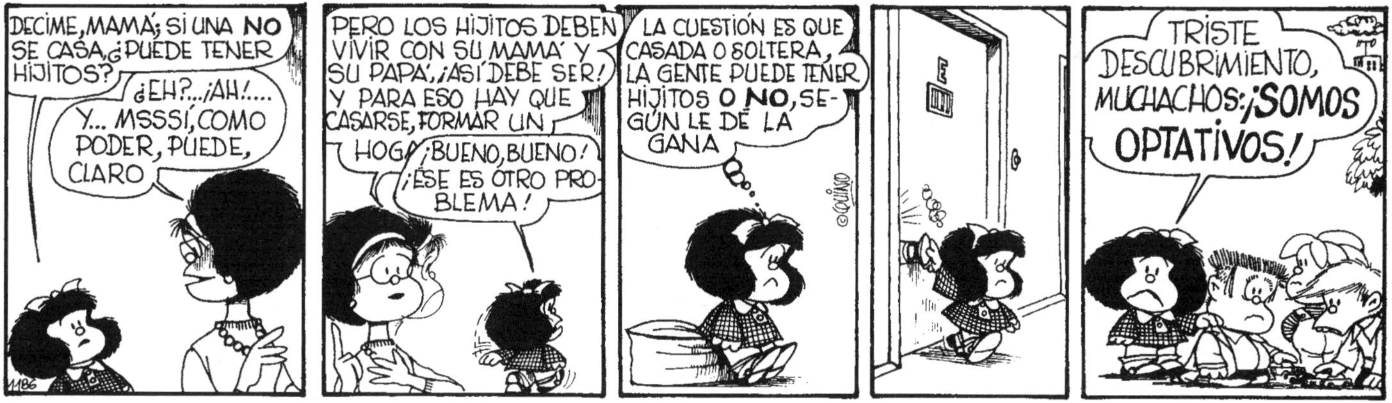
1186
DECIME, MAMÁ; SI UNA **NO** SE CASA, ¿PUEDE TENER HIJITOS?
¿EH?...¡AH!.... Y... MSSSÍ, COMO PODER, PUEDE, CLARO
PERO LOS HIJITOS DEBEN VIVIR CON SU MAMÁ Y SU PAPÁ, ¡ASÍ DEBE SER! Y PARA ESO HAY QUE CASARSE, FORMAR UN HOGA
¡BUENO, BUENO! ¡ÉSE ES OTRO PROBLEMA!
LA CUESTIÓN ES QUE CASADA O SOLTERA, LA GENTE PUEDE TENER HIJITOS **O NO**, SEGÚN LE DÉ LA GANA
©QUINO
TRISTE DESCUBRIMIENTO, MUCHACHOS: ¡SOMOS OPTATIVOS!

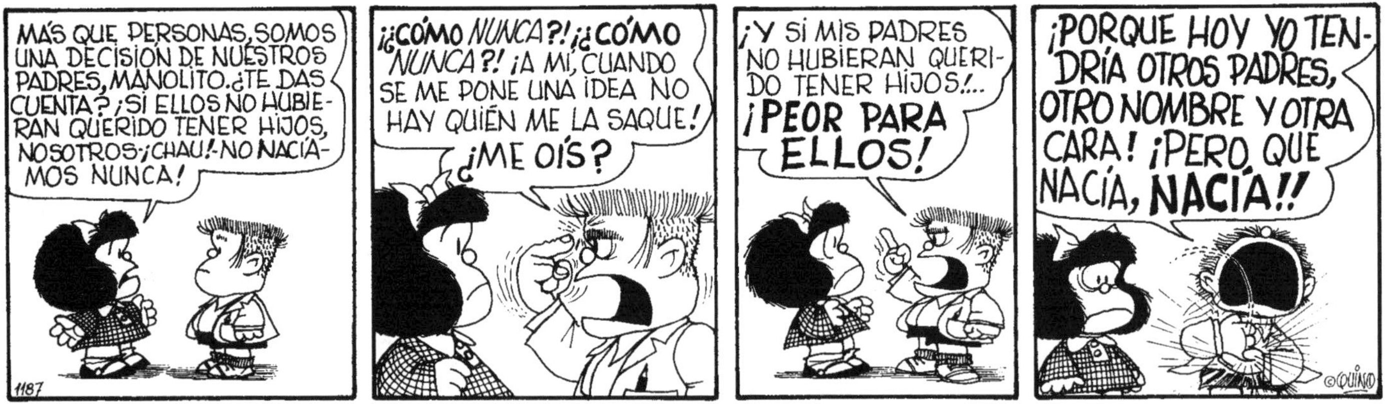
MÁS QUE PERSONAS, SOMOS UNA DECISIÓN DE NUESTROS PADRES, MANOLITO. ¿TE DAS CUENTA? ¡SI ELLOS NO HUBIERAN QUERIDO TENER HIJOS, NOSOTROS -¡CHAU!- NO NACÍAMOS NUNCA!
1187
¡¿CÓMO *NUNCA*?! ¡¿CÓMO *NUNCA*?! ¡A MÍ, CUANDO SE ME PONE UNA IDEA NO HAY QUIÉN ME LA SAQUE!
¿ME OÍS?
¡Y SI MIS PADRES NO HUBIERAN QUERIDO TENER HIJOS!... **¡PEOR PARA ELLOS!**
¡PORQUE HOY YO TENDRÍA OTROS PADRES, OTRO NOMBRE Y OTRA CARA! ¡PERO QUE NACÍA, **NACÍA**!!
©QUINO

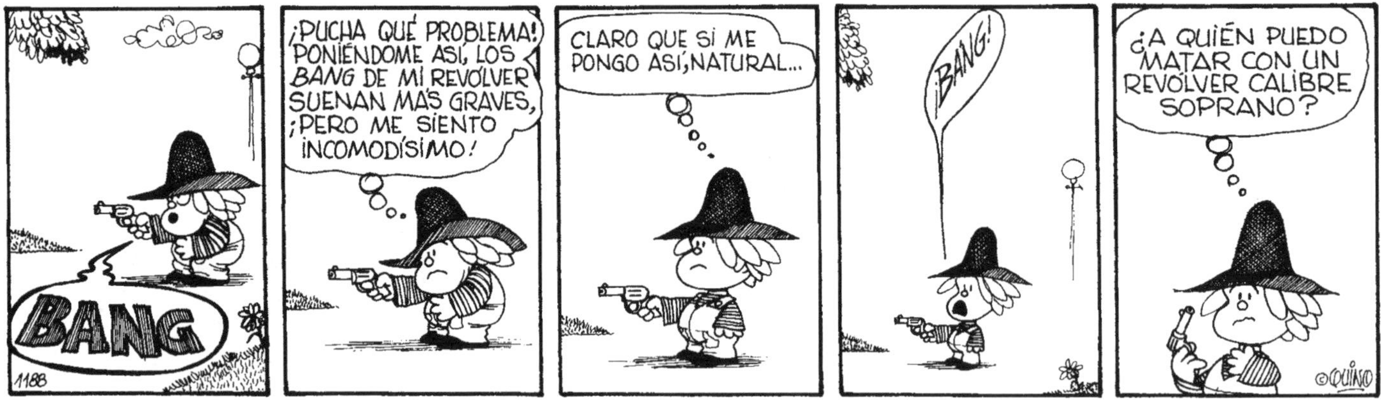
BANG
1188
¡PUCHA QUÉ PROBLEMA! PONIÉNDOME ASÍ, LOS *BANG* DE MI REVÓLVER SUENAN MÁS GRAVES, ¡PERO ME SIENTO INCOMODÍSIMO!
CLARO QUE SI ME PONGO ASÍ, NATURAL...
¡BANG!
¿A QUIÉN PUEDO MATAR CON UN REVÓLVER CALIBRE SOPRANO?
©QUINO

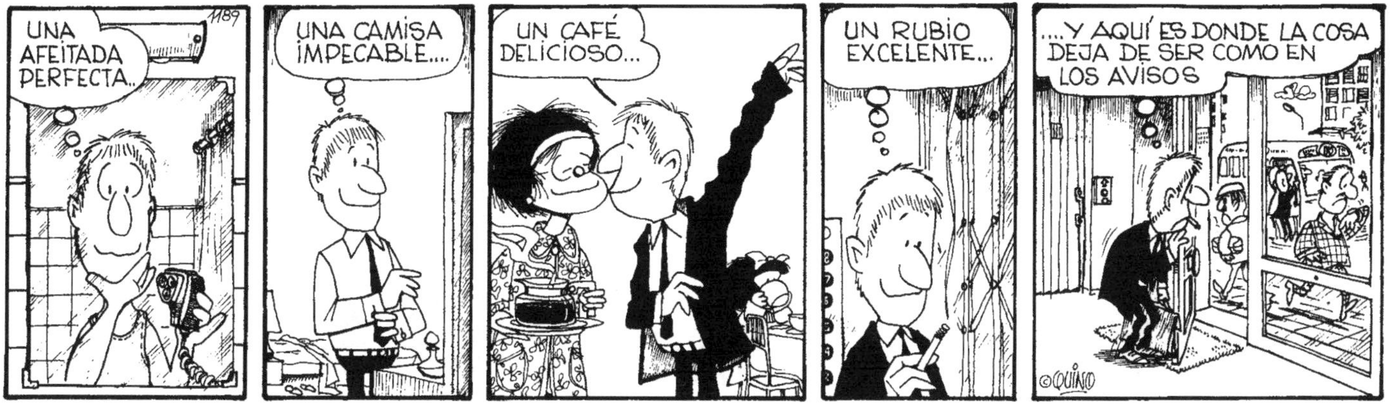
1189
UNA AFEITADA PERFECTA..
UNA CAMISA IMPECABLE....
UN CAFÉ DELICIOSO...
UN RUBIO EXCELENTE...
....Y AQUÍ ES DONDE LA COSA DEJA DE SER COMO EN LOS AVISOS
©QUINO

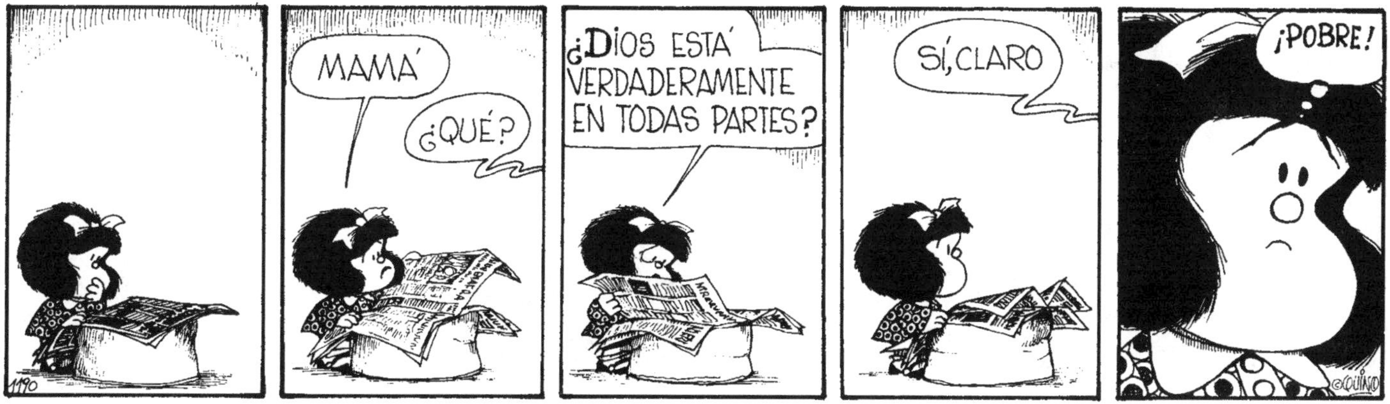
1190
MAMÁ
¿QUÉ?
¿DIOS ESTÁ VERDADERAMENTE EN TODAS PARTES?
SÍ, CLARO
¡POBRE!
©QUINO

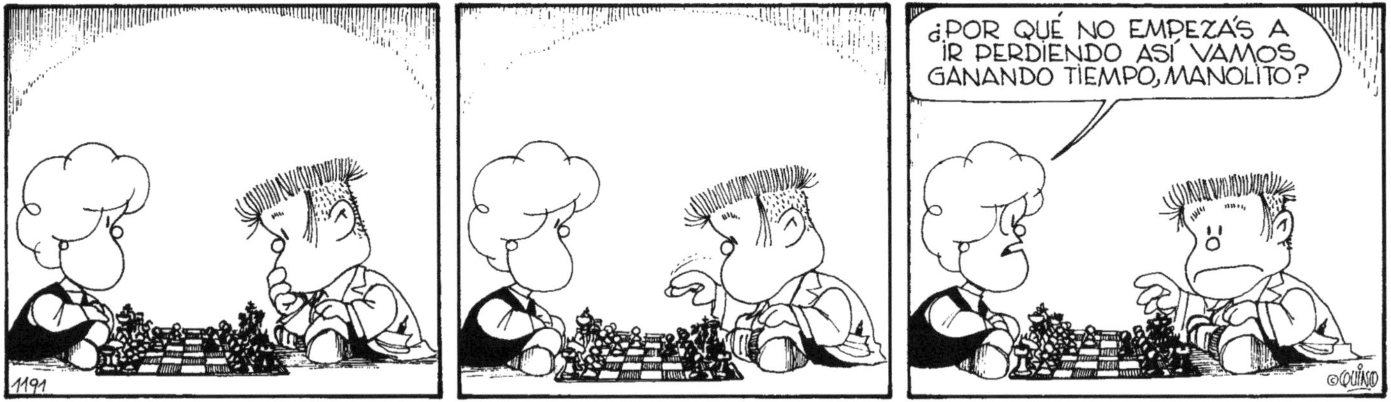
1191
¿POR QUÉ NO EMPEZÁS A IR PERDIENDO ASÍ VAMOS GANANDO TIEMPO, MANOLITO?
©QUINO

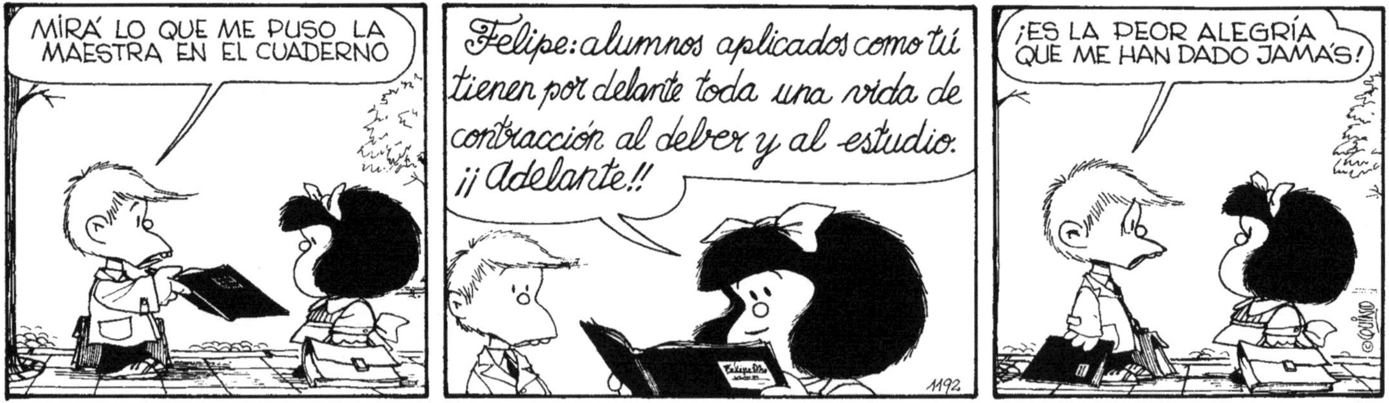
MIRÁ LO QUE ME PUSO LA MAESTRA EN EL CUADERNO
Felipe: alumnos aplicados como tú tienen por delante toda una vida de contracción al deber y al estudio. ¡¡Adelante!!
1192
¡ES LA PEOR ALEGRÍA QUE ME HAN DADO JAMÁS!
©QUINO

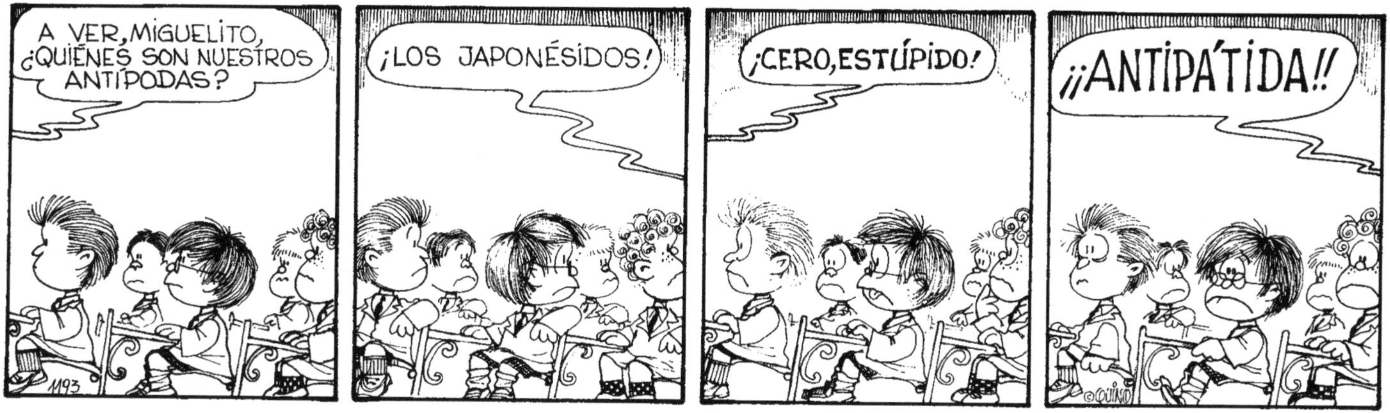
A VER, MIGUELITO, ¿QUIÉNES SON NUESTROS ANTÍPODAS?
¡LOS JAPONÉSIDOS!
¡CERO, ESTÚPIDO!
¡¡ANTIPÁTIDA!!
1193
©QUINO

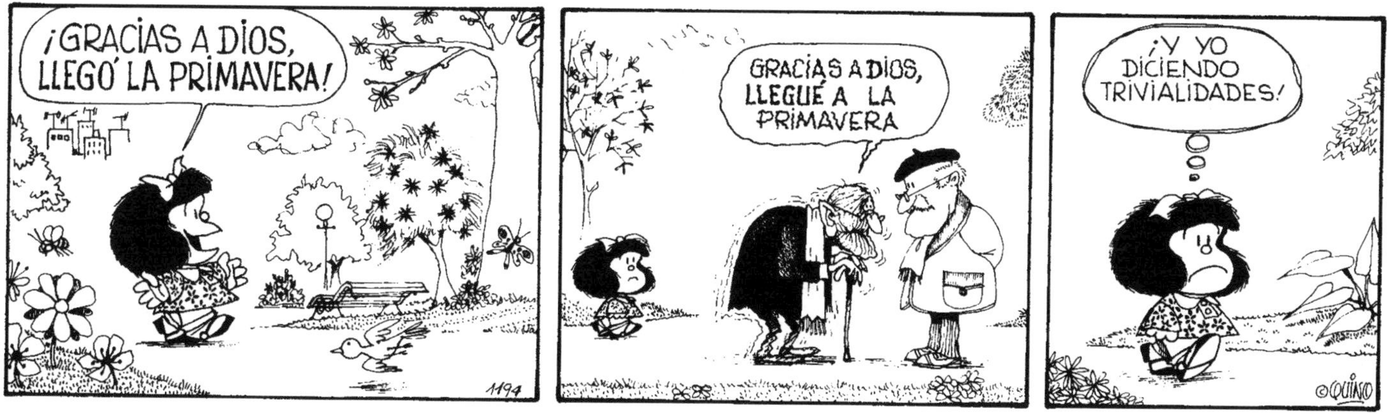
¡GRACIAS A DIOS, LLEGÓ LA PRIMAVERA!
GRACIAS A DIOS, LLEGUÉ A LA PRIMAVERA
¡Y YO DICIENDO TRIVIALIDADES!
1194
©QUINO

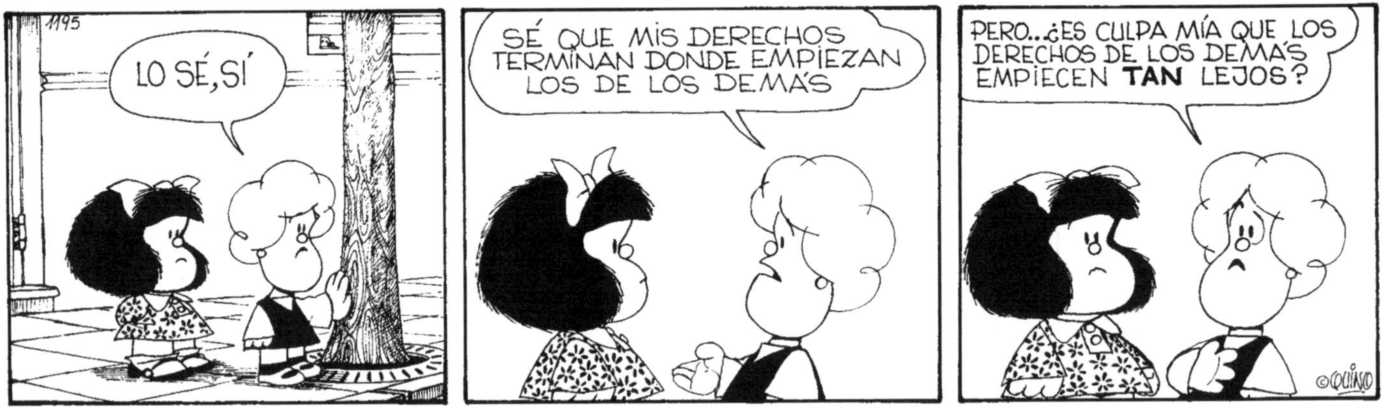
1195
LO SÉ, SÍ
SÉ QUE MIS DERECHOS TERMINAN DONDE EMPIEZAN LOS DE LOS DEMÁS
PERO...¿ES CULPA MÍA QUE LOS DERECHOS DE LOS DEMÁS EMPIECEN **TAN** LEJOS?
©QUINO

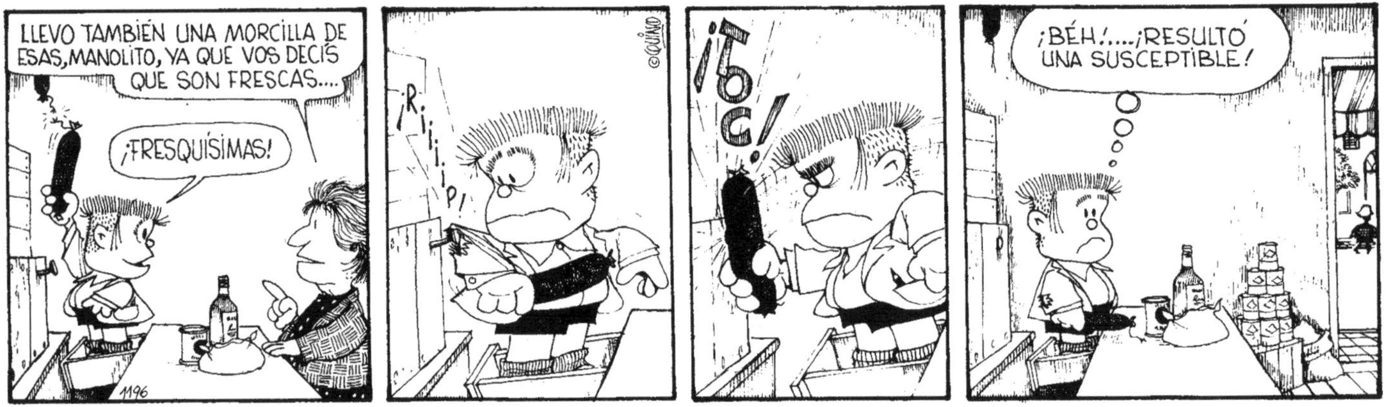
LLEVO TAMBIÉN UNA MORCILLA DE ESAS, MANOLITO, YA QUE VOS DECÍS QUE SON FRESCAS....
¡FRESQUÍSIMAS!
1196
©QUINO
¡RIiiiip!
¡TOC!
¡BÉH!....¡RESULTÓ UNA SUSCEPTIBLE!

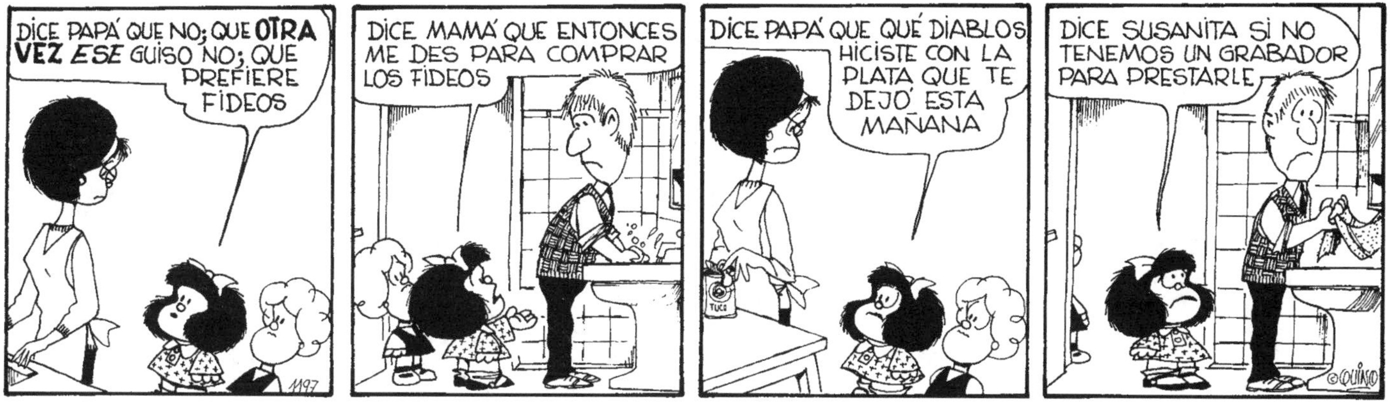
DICE PAPÁ QUE NO; QUE **OTRA VEZ** ***ESE*** GUISO NO; QUE PREFIERE FIDEOS
1197
DICE MAMÁ QUE ENTONCES ME DES PARA COMPRAR LOS FIDEOS
DICE PAPÁ QUE QUÉ DIABLOS HICISTE CON LA PLATA QUE TE DEJÓ ESTA MAÑANA
TUCO
DICE SUSANITA SI NO TENEMOS UN GRABADOR PARA PRESTARLE
©QUINO

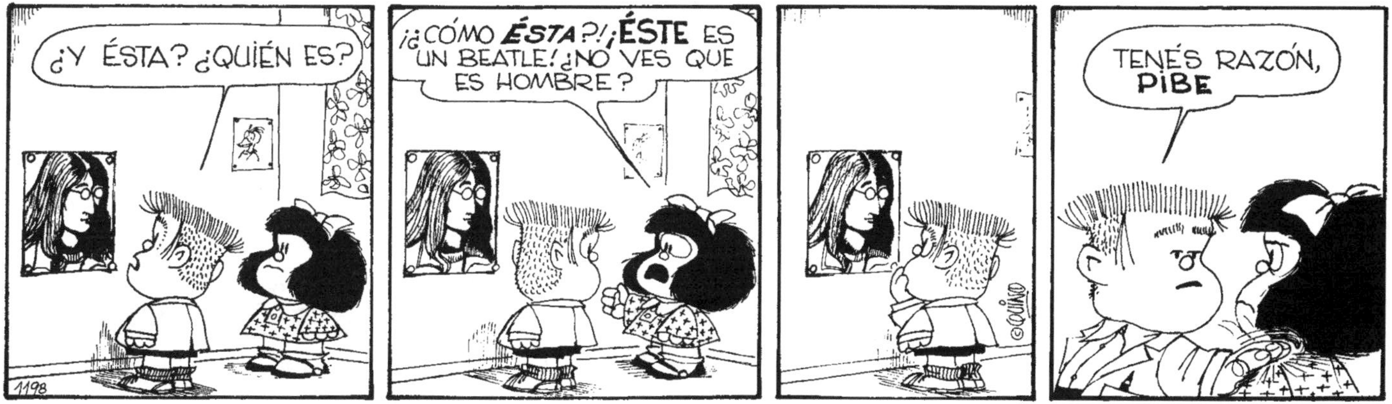
¿Y ÉSTA? ¿QUIÉN ES?
1198
¡¿CÓMO ***ÉSTA***?! ¡**ÉSTE** ES UN BEATLE! ¿NO VES QUE ES HOMBRE?
©QUINO
TENÉS RAZÓN, **PIBE**

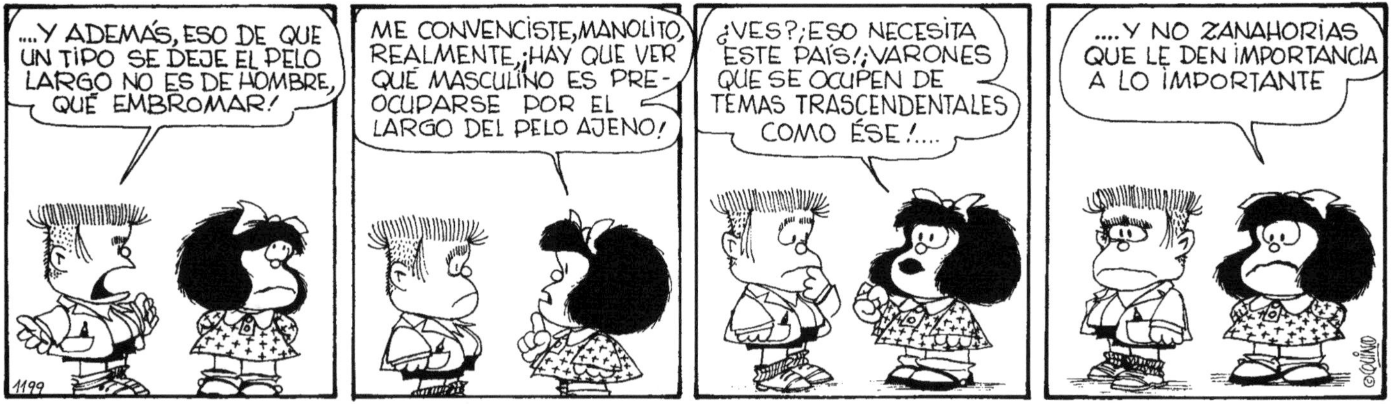

....Y ADEMÁS, ESO DE QUE UN TIPO SE DEJE EL PELO LARGO NO ES DE HOMBRE, QUÉ EMBROMAR!
1199
ME CONVENCISTE, MANOLITO, REALMENTE, ¡HAY QUE VER QUÉ MASCULINO ES PREOCUPARSE POR EL LARGO DEL PELO AJENO!
¿VES? ¡ESO NECESITA ESTE PAÍS! ¡VARONES QUE SE OCUPEN DE TEMAS TRASCENDENTALES COMO ÉSE!....
....Y NO ZANAHORIAS QUE LE DEN IMPORTANCIA A LO IMPORTANTE
© QUINO

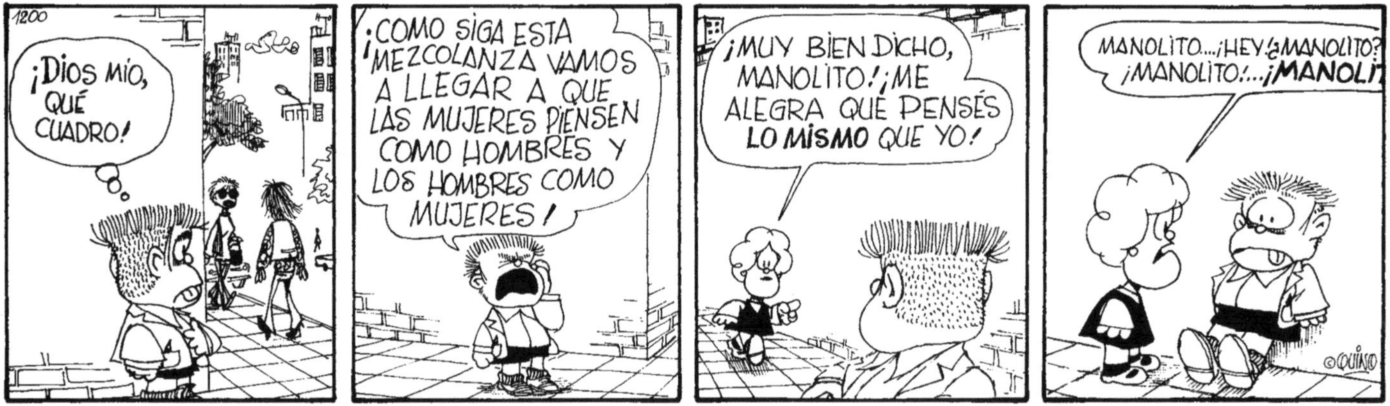

1200
¡DIOS MÍO, QUÉ CUADRO!
¡COMO SIGA ESTA MEZCOLANZA VAMOS A LLEGAR A QUE LAS MUJERES PIENSEN COMO HOMBRES Y LOS HOMBRES COMO MUJERES!
¡MUY BIEN DICHO, MANOLITO! ¡ME ALEGRA QUE PENSÉS **LO MISMO** QUE YO!
MANOLITO....¡HEY! ¿MANOLITO? ¡MANOLITO!...**¡MANOLIT**
© QUINO

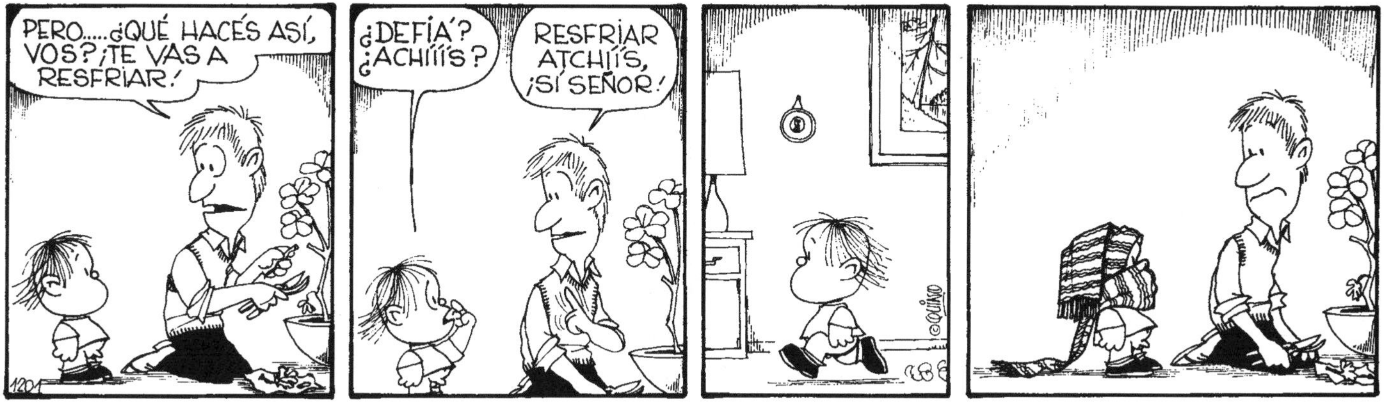
PERO.....¿QUÉ HACÉS ASÍ, VOS? ¡TE VAS A RESFRIAR!
¿DEFÍA? ¿ACHÍÍÍS?
RESFRIAR ATCHÍÍS, ¡SÍ SEÑOR!
1201
©QUINO

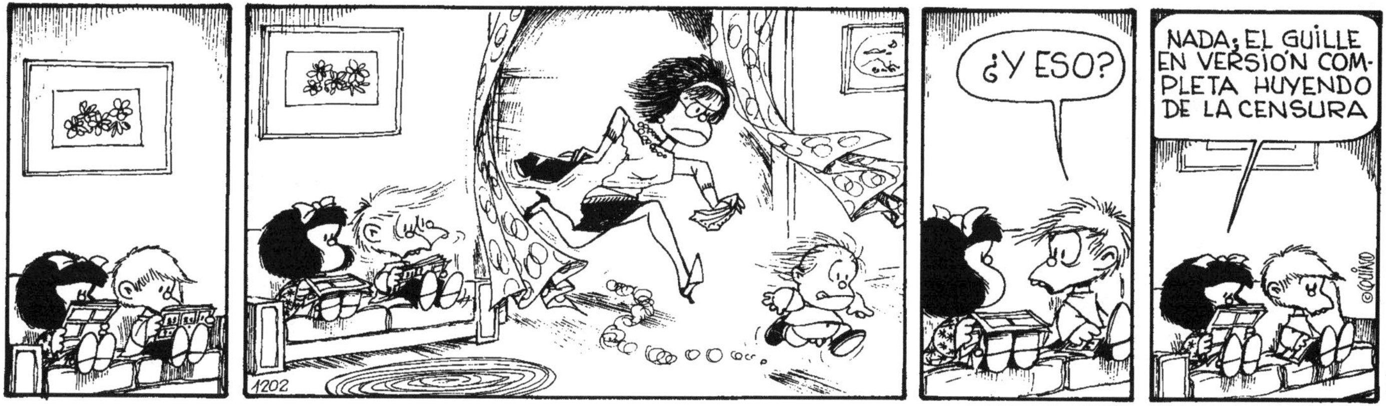
1202
¿Y ESO?
NADA; EL GUILLE EN VERSIÓN COMPLETA HUYENDO DE LA CENSURA
©QUINO

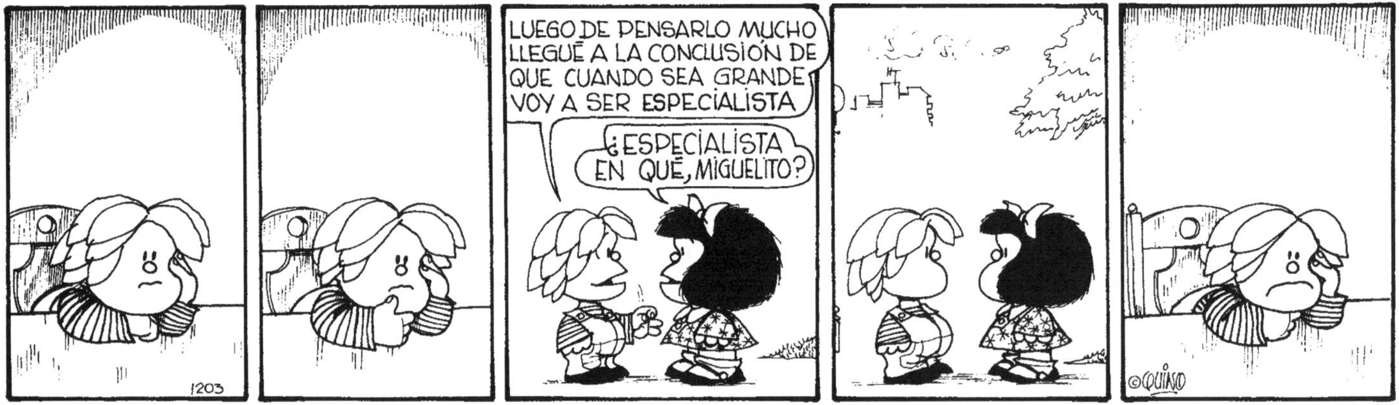
LUEGO DE PENSARLO MUCHO LLEGUÉ A LA CONCLUSIÓN DE QUE CUANDO SEA GRANDE VOY A SER ESPECIALISTA
¿ESPECIALISTA EN QUÉ, MIGUELITO?
1203
©QUINO

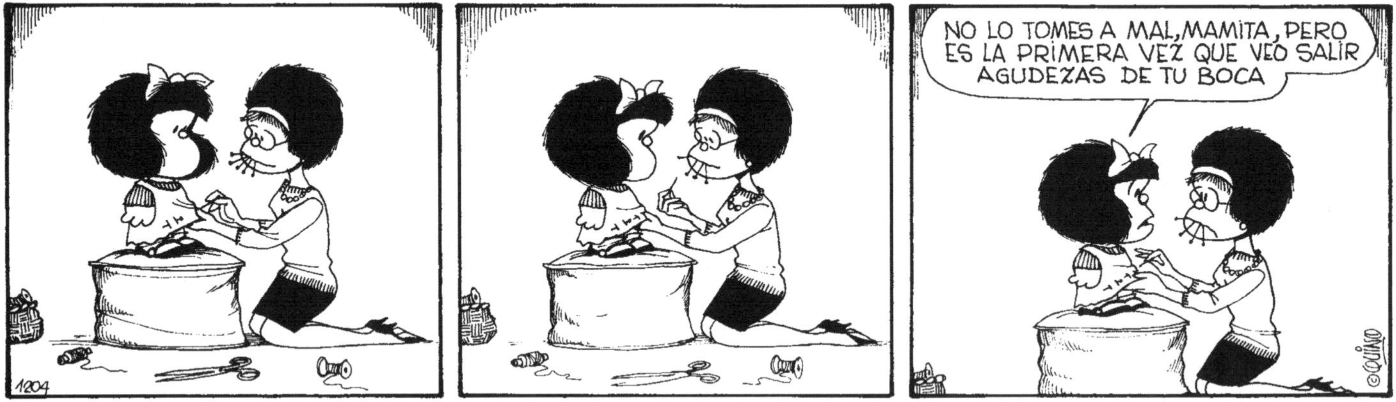
NO LO TOMES A MAL, MAMITA, PERO ES LA PRIMERA VEZ QUE VEO SALIR AGUDEZAS DE TU BOCA
1204
©QUINO

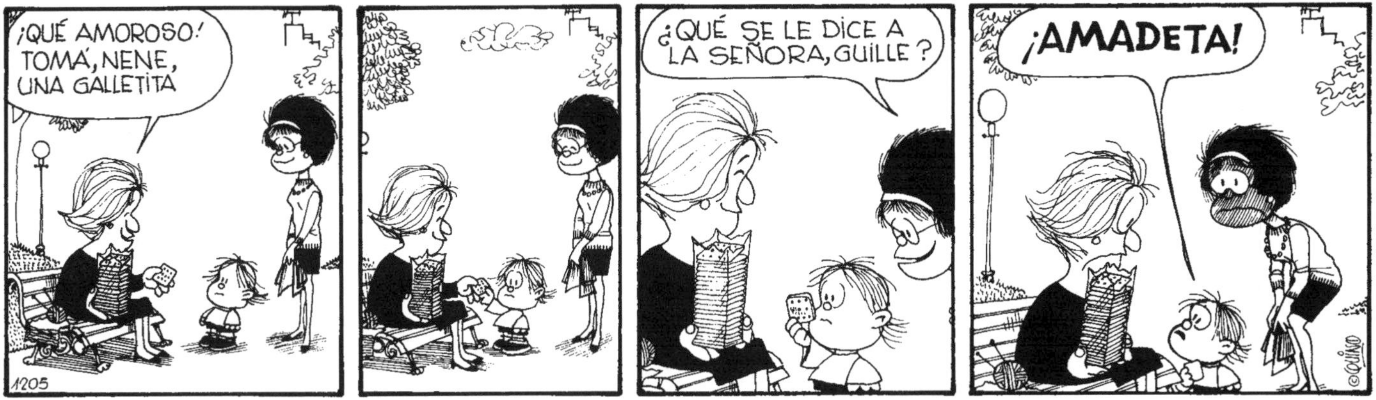
¡QUÉ AMOROSO! TOMÁ, NENE, UNA GALLETITA
1205
¿QUÉ SE LE DICE A LA SEÑORA, GUILLE?
¡AMADETA!
©QUINO

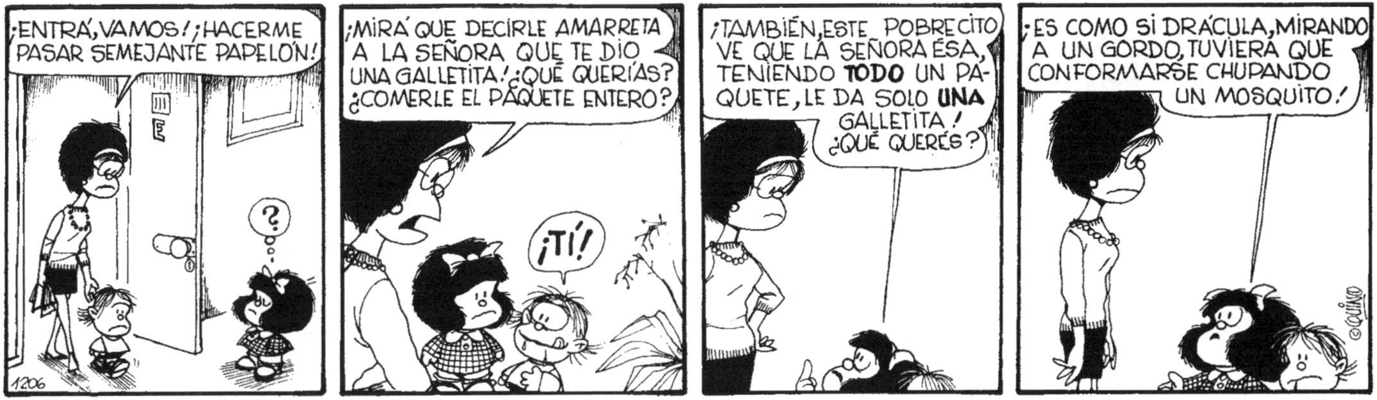
¡ENTRÁ, VAMOS! ¡HACERME PASAR SEMEJANTE PAPELÓN!
?
1206
¡MIRÁ QUE DECIRLE AMARRETA A LA SEÑORA QUE TE DIO UNA GALLETITA! ¿QUÉ QUERÍAS? ¿COMERLE EL PAQUETE ENTERO?
¡TI!
¡TAMBIÉN, ESTE POBRECITO VE QUE LA SEÑORA ÉSA, TENIENDO **TODO** UN PAQUETE, LE DA SOLO **UNA** GALLETITA! ¿QUÉ QUERÉS?
¡ES COMO SI DRÁCULA, MIRANDO A UN GORDO, TUVIERA QUE CONFORMARSE CHUPANDO UN MOSQUITO!
©QUINO

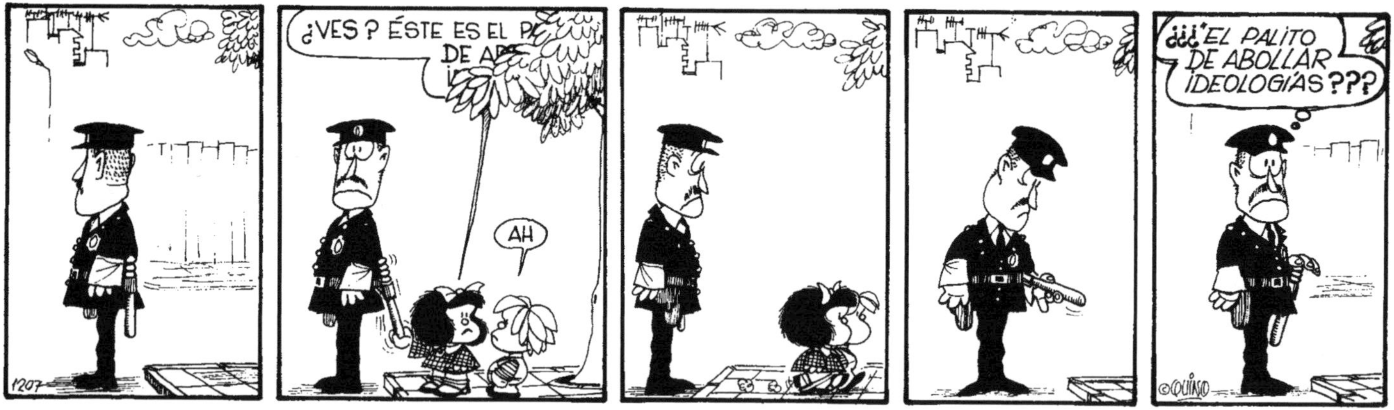
1207
¿VES? ÉSTE ES EL
DE
AH
¿¿¿EL PALITO DE ABOLLAR IDEOLOGÍAS???
©QUINO

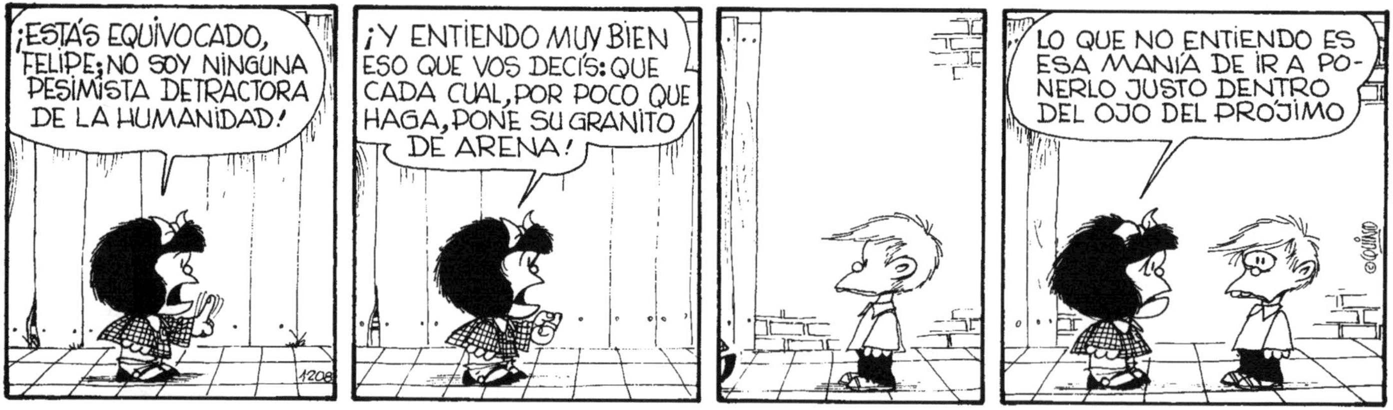
¡ESTÁS EQUIVOCADO, FELIPE; NO SOY NINGUNA PESIMISTA DETRACTORA DE LA HUMANIDAD!
1208
¡Y ENTIENDO MUY BIEN ESO QUE VOS DECÍS: QUE CADA CUAL, POR POCO QUE HAGA, PONE SU GRANITO DE ARENA!
LO QUE NO ENTIENDO ES ESA MANÍA DE IR A PONERLO JUSTO DENTRO DEL OJO DEL PRÓJIMO
©QUINO

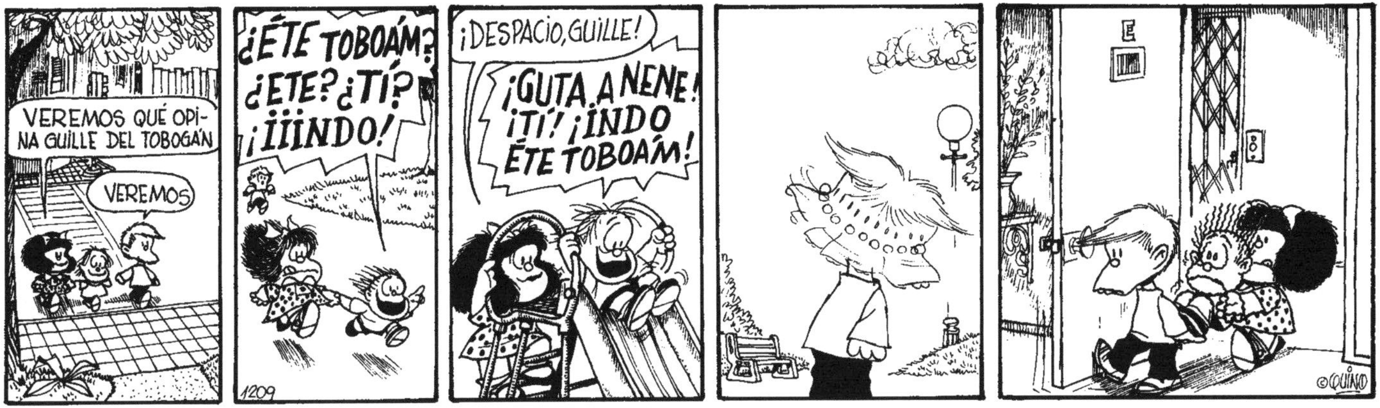
VEREMOS QUÉ OPINA GUILLE DEL TOBOGÁN
VEREMOS
¿ÉTE TOBOÁM? ¿ETE? ¿TÍ? ¡ÍÍINDO!
1209
¡DESPACIO, GUILLE!
¡GUTA A NENE! ¡TÍ! ¡INDO ÉTE TOBOÁM!
©QUINO

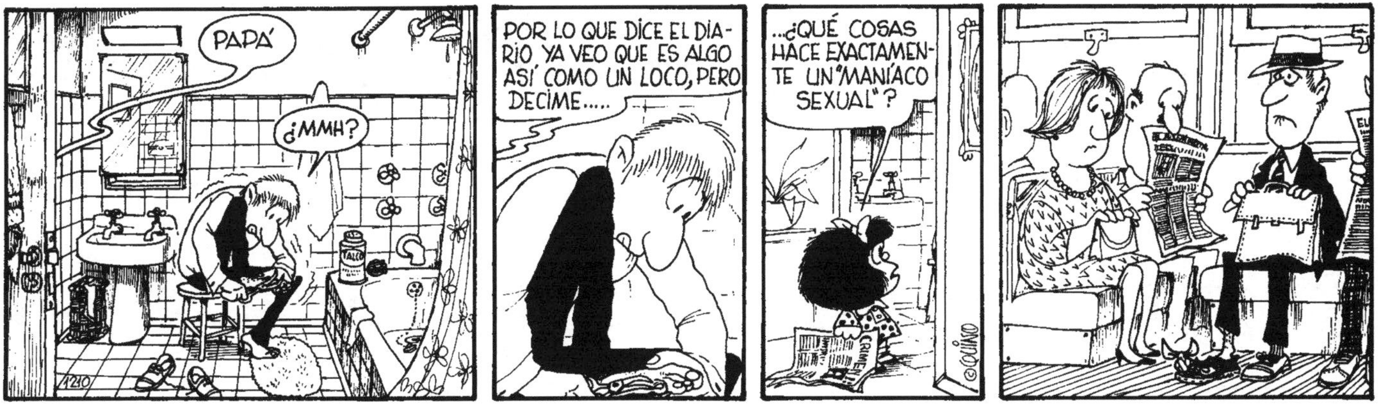
PAPÁ
¿MMH?
1210
POR LO QUE DICE EL DIARIO YA VEO QUE ES ALGO ASÍ COMO UN LOCO, PERO DECIME.....
...¿QUÉ COSAS HACE EXACTAMENTE UN "MANÍACO SEXUAL"?
CRIMEN
©QUINO

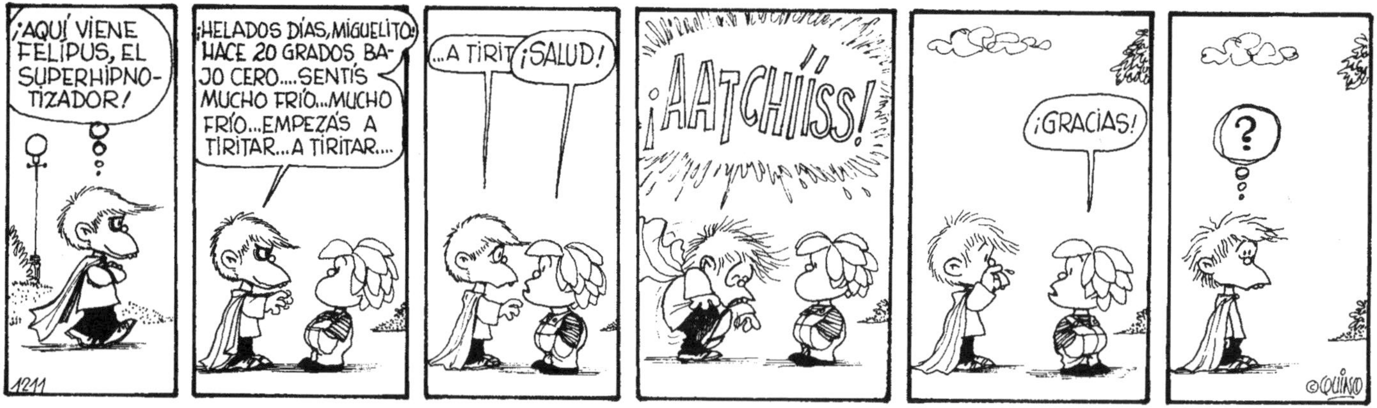
1211
¡AQUÍ VIENE FELIPUS, EL SUPERHIPNOTIZADOR!
¡HELADOS DÍAS, MIGUELITO! HACE 20 GRADOS BAJO CERO.... SENTÍS MUCHO FRÍO...MUCHO FRÍO...EMPEZÁS A TIRITAR...A TIRITAR....
...A TIRIT
¡SALUD!
¡AATCHÍÍSS!
¡GRACIAS!
?
©QUINO

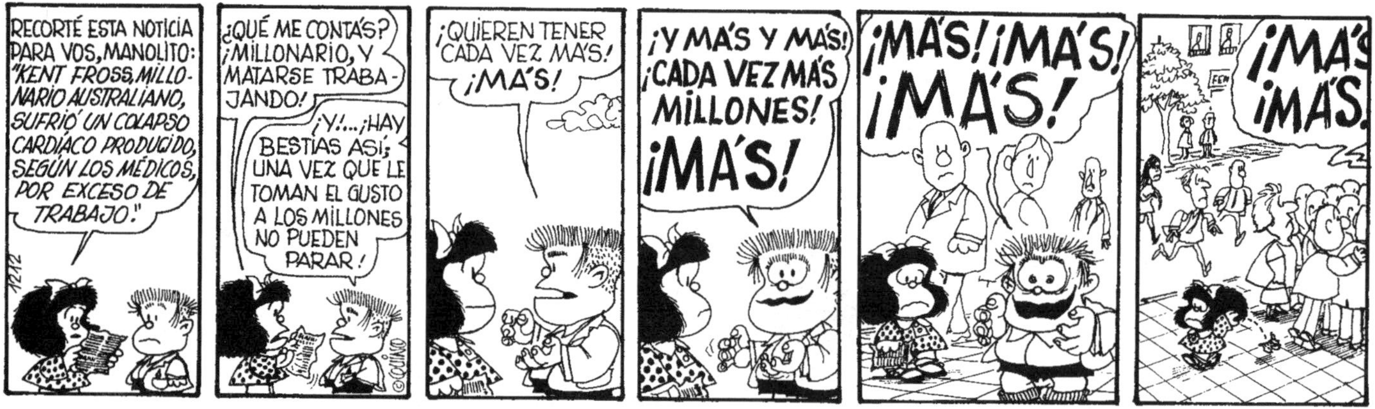
1212
RECORTÉ ESTA NOTICIA PARA VOS, MANOLITO: "KENT FROSS, MILLONARIO AUSTRALIANO, SUFRIÓ UN COLAPSO CARDÍACO PRODUCIDO, SEGÚN LOS MÉDICOS, POR EXCESO DE TRABAJO."
¿QUÉ ME CONTÁS? ¡MILLONARIO, Y MATARSE TRABAJANDO!
¡Y!...¡HAY BESTIAS ASÍ; UNA VEZ QUE LE TOMAN EL GUSTO A LOS MILLONES NO PUEDEN PARAR!
©QUINO
¡QUIEREN TENER CADA VEZ MÁS! ¡MÁS!
¡Y MÁS Y MÁS! ¡CADA VEZ MÁS MILLONES! ¡MÁS!
¡MÁS! ¡MÁS! ¡MÁS!
¡MÁS
¡MÁS

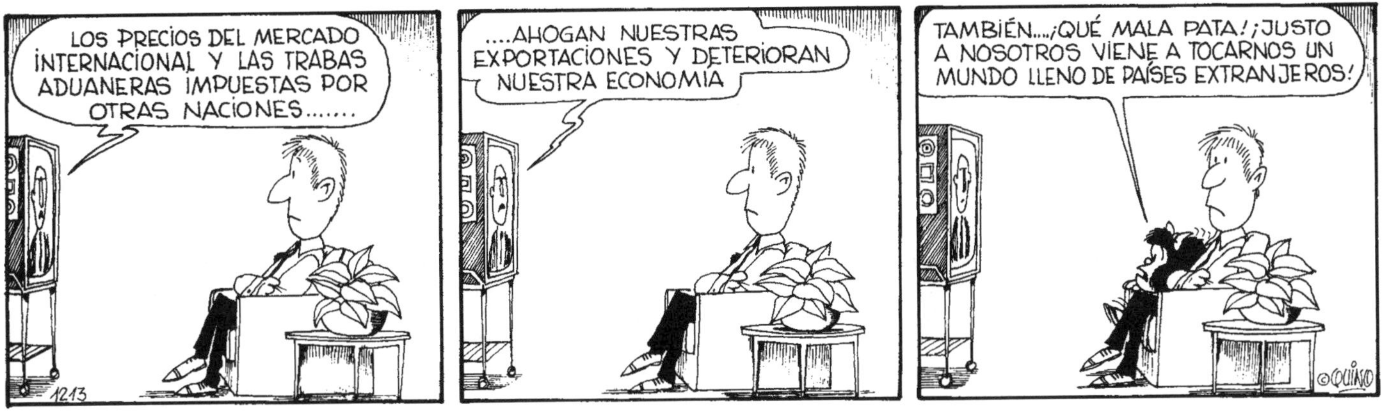
LOS PRECIOS DEL MERCADO INTERNACIONAL Y LAS TRABAS ADUANERAS IMPUESTAS POR OTRAS NACIONES.......
....AHOGAN NUESTRAS EXPORTACIONES Y DETERIORAN NUESTRA ECONOMIA
TAMBIÉN....¡QUÉ MALA PATA! ¡JUSTO A NOSOTROS VIENE A TOCARNOS UN MUNDO LLENO DE PAÍSES EXTRANJEROS!
1213
©QUINO

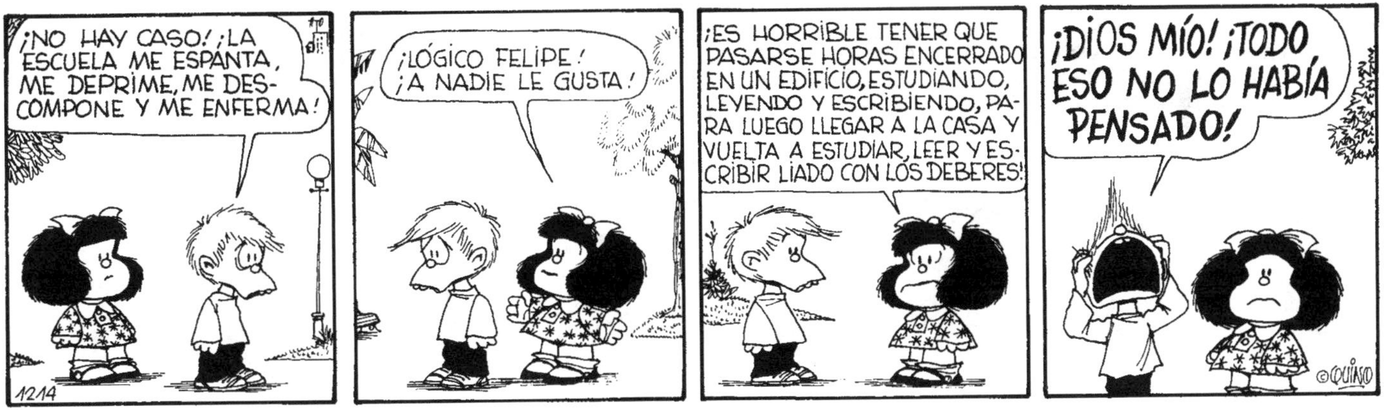
¡NO HAY CASO! ¡LA ESCUELA ME ESPANTA, ME DEPRIME, ME DESCOMPONE Y ME ENFERMA!
¡LÓGICO FELIPE! ¡A NADIE LE GUSTA!
¡ES HORRIBLE TENER QUE PASARSE HORAS ENCERRADO EN UN EDIFICIO, ESTUDIANDO, LEYENDO Y ESCRIBIENDO, PARA LUEGO LLEGAR A LA CASA Y VUELTA A ESTUDIAR, LEER Y ESCRIBIR LIADO CON LOS DEBERES!
¡DIOS MÍO! ¡TODO ESO NO LO HABÍA PENSADO!
1214
©QUINO

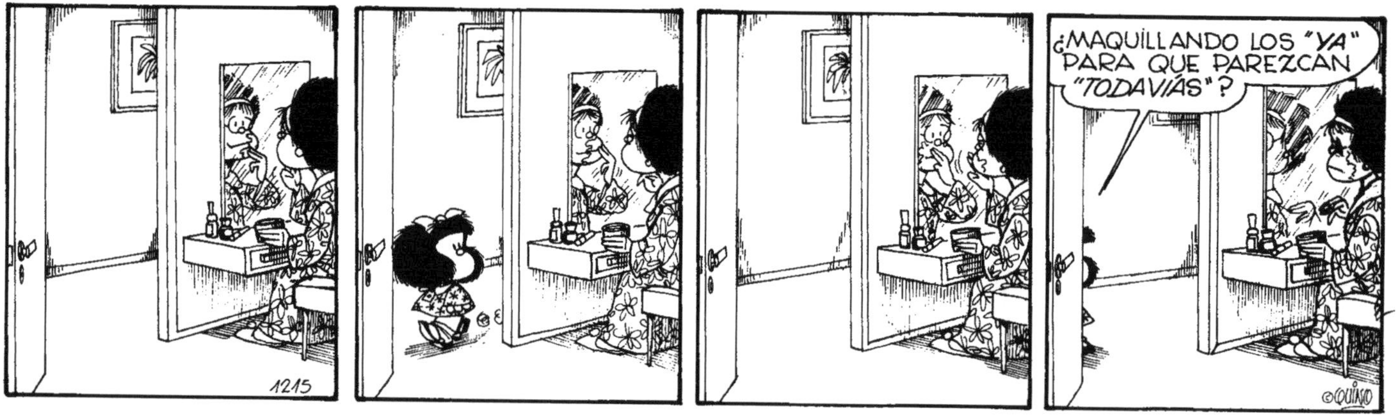
1215
¿MAQUILLANDO LOS "YA" PARA QUE PAREZCAN "TODAVÍAS"?
©QUINO

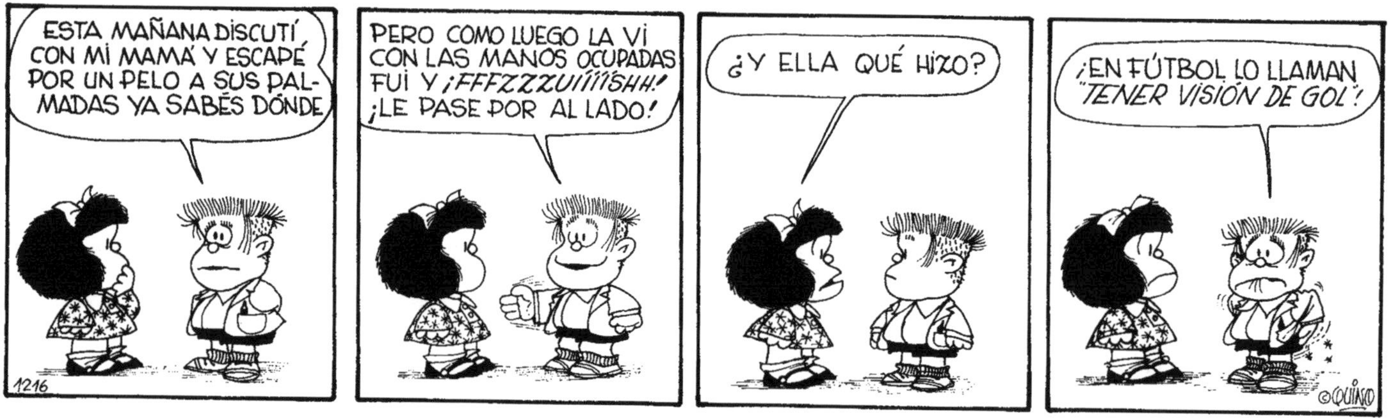
1216
ESTA MAÑANA DISCUTÍ CON MI MAMÁ Y ESCAPÉ POR UN PELO A SUS PALMADAS YA SABÉS DÓNDE
PERO COMO LUEGO LA VI CON LAS MANOS OCUPADAS FUI Y ¡FFFZZZZUÍÍÍÍSHH! ¡LE PASE POR AL LADO!
¿Y ELLA QUÉ HIZO?
¡EN FÚTBOL LO LLAMAN "TENER VISIÓN DE GOL"!
©QUINO

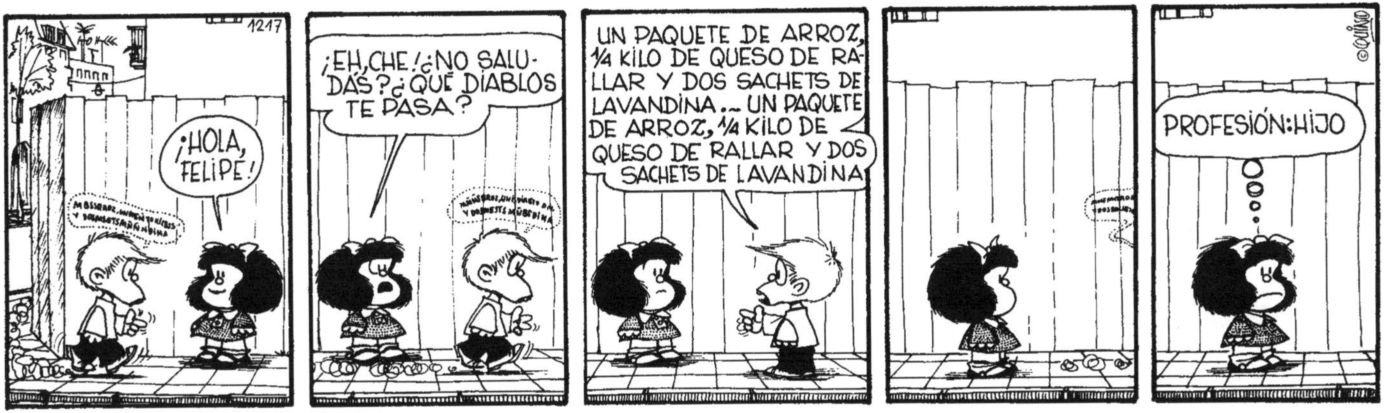
1217
¡HOLA, FELIPE!
¡EH, CHE! ¿NO SALUDÁS? ¿QUÉ DIABLOS TE PASA?
UN PAQUETE DE ARROZ, 1/4 KILO DE QUESO DE RALLAR Y DOS SACHETS DE LAVANDINA... UN PAQUETE DE ARROZ, 1/4 KILO DE QUESO DE RALLAR Y DOS SACHETS DE LAVANDINA
PROFESIÓN: HIJO
©QUINO

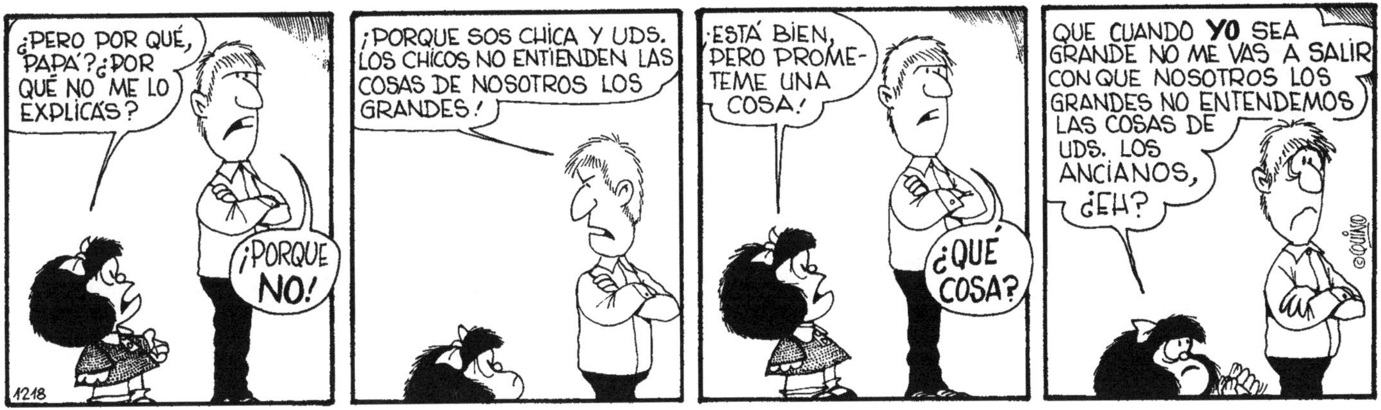
¿PERO POR QUÉ, PAPÁ? ¿POR QUÉ NO ME LO EXPLICÁS?
¡PORQUE NO!
1218
¡PORQUE SOS CHICA Y UDS. LOS CHICOS NO ENTIENDEN LAS COSAS DE NOSOTROS LOS GRANDES!
¡ESTÁ BIEN, PERO PROMETEME UNA COSA!
¿QUÉ COSA?
QUE CUANDO YO SEA GRANDE NO ME VAS A SALIR CON QUE NOSOTROS LOS GRANDES NO ENTENDEMOS LAS COSAS DE UDS. LOS ANCIANOS, ¿EH?
©QUINO

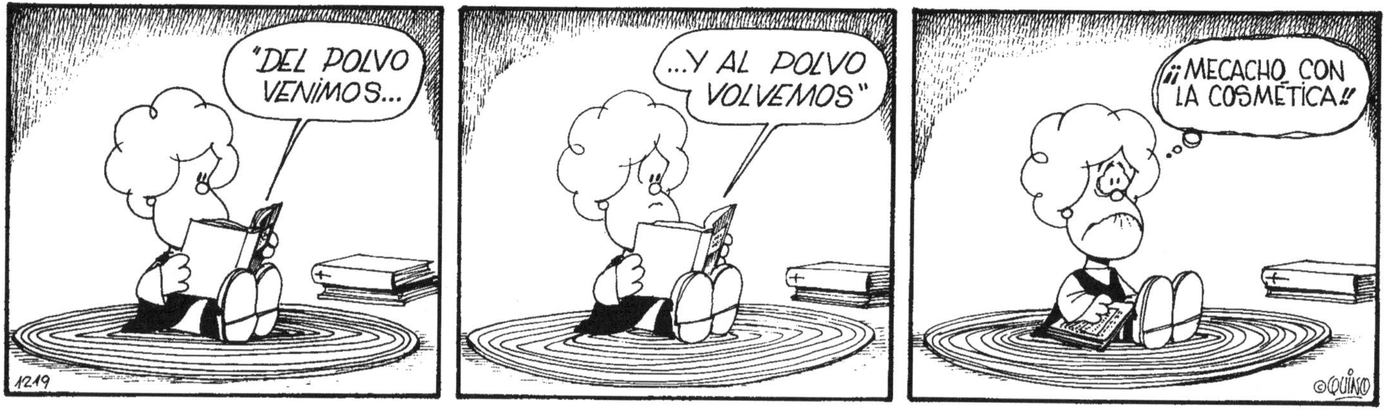
"DEL POLVO VENIMOS...
...Y AL POLVO VOLVEMOS"
¡¡MECACHO CON LA COSMÉTICA!!
1219
©QUINO

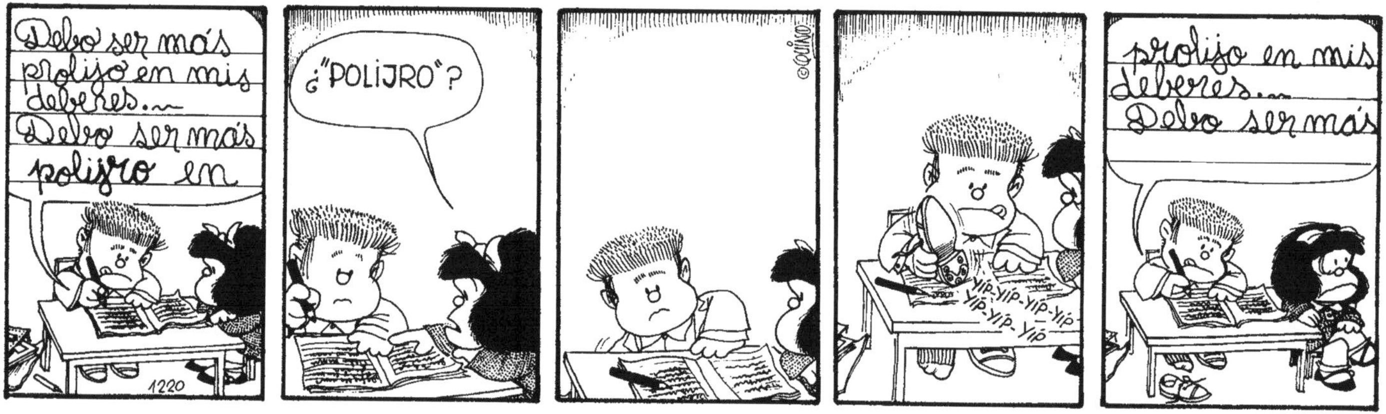
Debo ser más prolijo en mis deberes... Debo ser más polijro en
¿"POLIJRO"?
©QUINO
YIP-YIP-YIP-YIP-YIP-YIP-YIP
prolijo en mis deberes... Debo ser más
1220

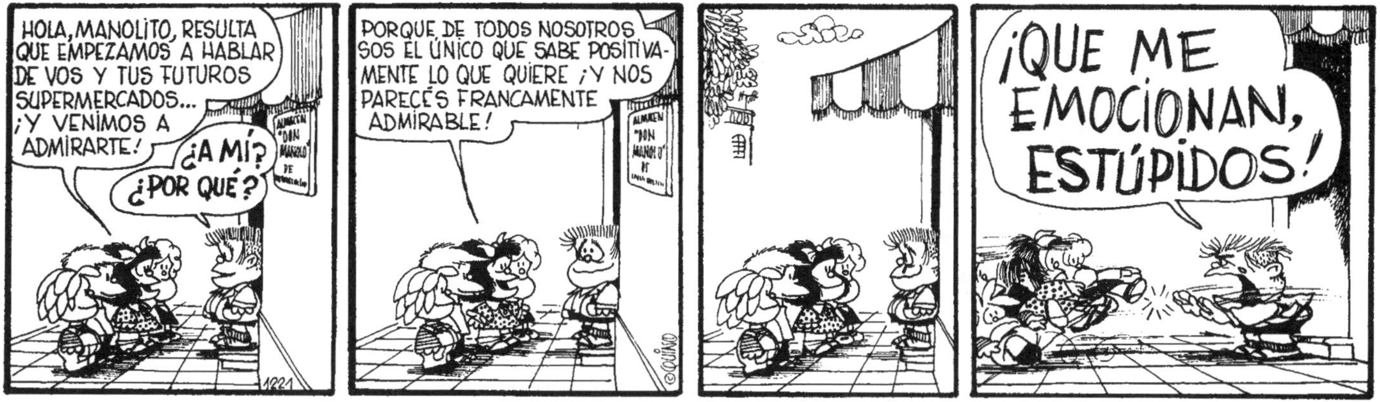
HOLA, MANOLITO, RESULTA QUE EMPEZAMOS A HABLAR DE VOS Y TUS FUTUROS SUPERMERCADOS... ¡Y VENIMOS A ADMIRARTE!
¿A MÍ? ¿POR QUÉ?
1221
PORQUE DE TODOS NOSOTROS SOS EL ÚNICO QUE SABE POSITIVAMENTE LO QUE QUIERE ¡Y NOS PARECÉS FRANCAMENTE ADMIRABLE!
©QUINO
¡QUE ME EMOCIONAN, ESTÚPIDOS!

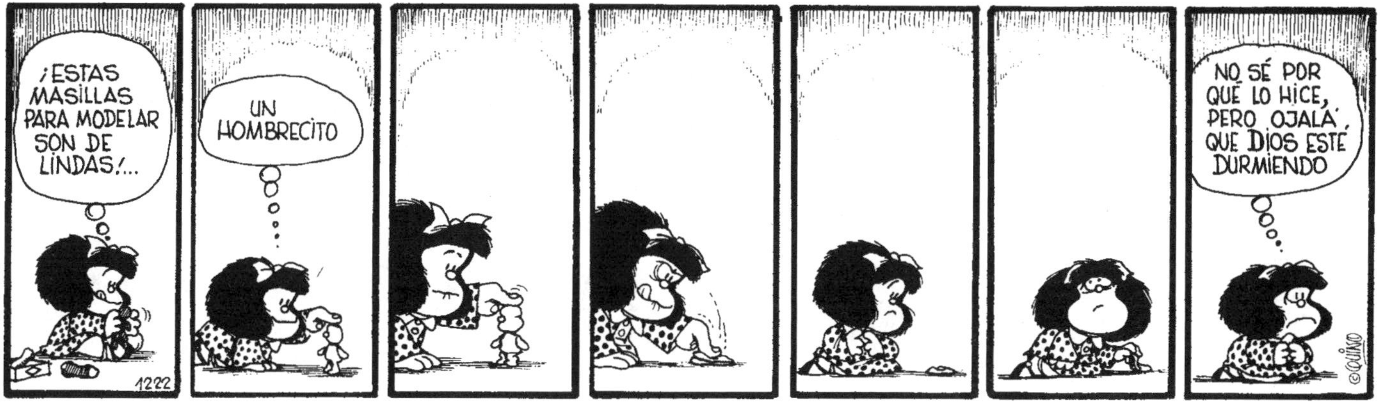
¡ESTAS MASILLAS PARA MODELAR SON DE LINDAS!...
1222
UN HOMBRECITO
NO SÉ POR QUÉ LO HICE, PERO OJALÁ QUE DIOS ESTÉ DURMIENDO
©QUINO

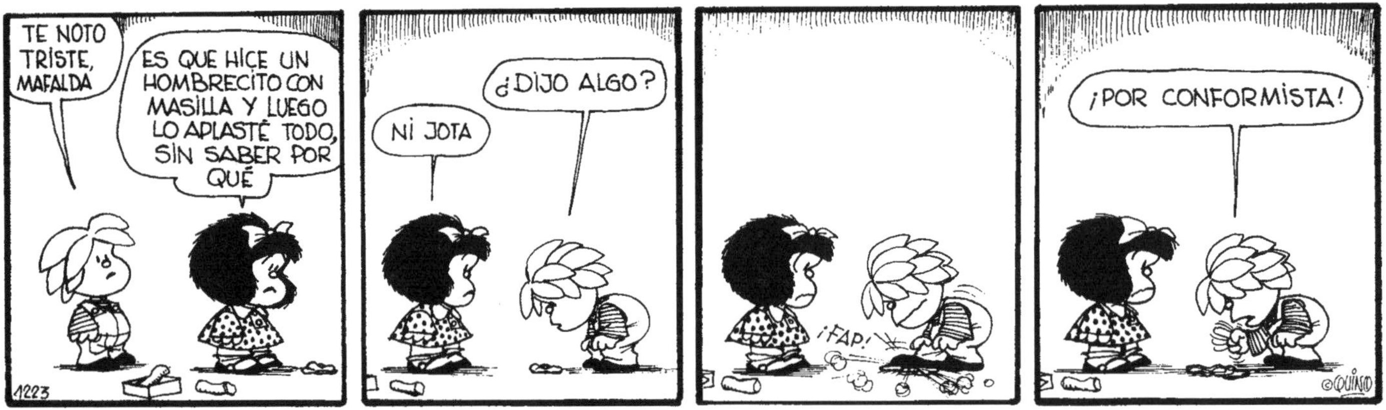
TE NOTO TRISTE, MAFALDA
ES QUE HICE UN HOMBRECITO CON MASILLA Y LUEGO LO APLASTÉ TODO, SIN SABER POR QUÉ
¿DIJO ALGO?
NI JOTA
¡FAP!
¡POR CONFORMISTA!
1223
©QUINO

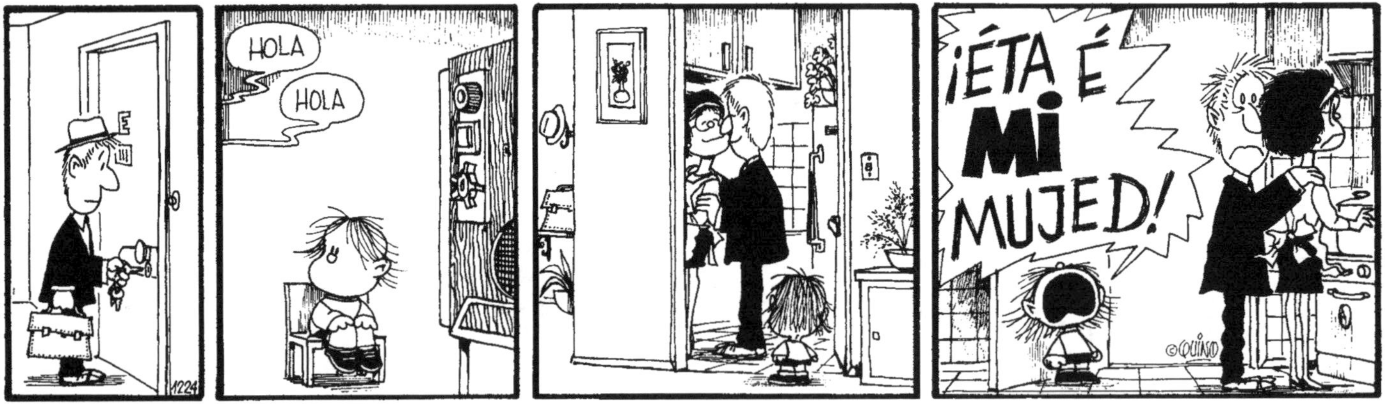
HOLA
HOLA
¡ÉTA É MI MUJED!
1224
©QUINO

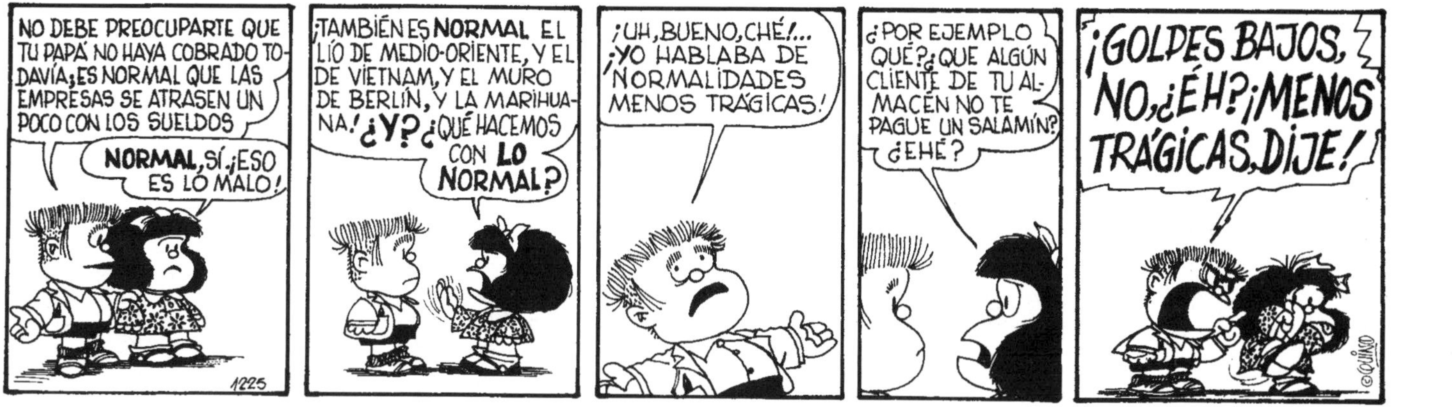
NO DEBE PREOCUPARTE QUE TU PAPÁ NO HAYA COBRADO TODAVÍA; ES NORMAL QUE LAS EMPRESAS SE ATRASEN UN POCO CON LOS SUELDOS
NORMAL, SÍ. ¡ESO ES LO MALO!
1225
¡TAMBIÉN ES **NORMAL** EL LÍO DE MEDIO-ORIENTE, Y EL DE VIETNAM, Y EL MURO DE BERLÍN, Y LA MARIHUANA! **¿Y?** ¿QUÉ HACEMOS CON **LO NORMAL**?
¡UH, BUENO, CHÉ!... ¡YO HABLABA DE NORMALIDADES MENOS TRÁGICAS!
¿POR EJEMPLO QUÉ? ¿QUE ALGÚN CLIENTE DE TU ALMACÉN NO TE PAGUE UN SALAMÍN? ¿EHÉ?
¡GOLPES BAJOS, NO, ¿ÉH? ¡MENOS TRÁGICAS, DIJE!
©QUINO

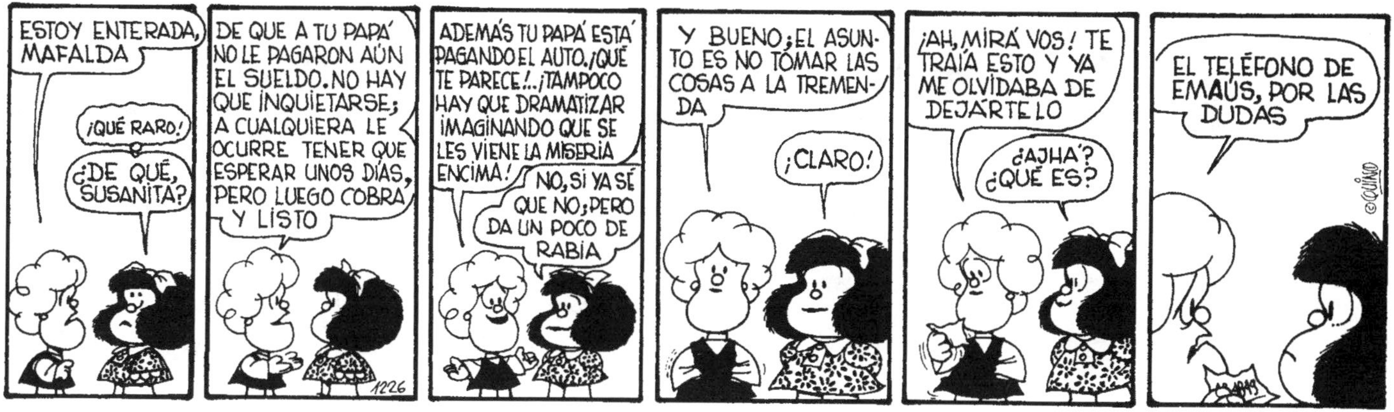
ESTOY ENTERADA, MAFALDA
¡QUÉ RARO!
¿DE QUÉ, SUSANITA?
DE QUE A TU PAPÁ NO LE PAGARON AÚN EL SUELDO. NO HAY QUE INQUIETARSE; A CUALQUIERA LE OCURRE TENER QUE ESPERAR UNOS DÍAS, PERO LUEGO COBRA Y LISTO
1226
ADEMÁS TU PAPÁ ESTÁ PAGANDO EL AUTO. ¡QUÉ TE PARECE!.. ¡TAMPOCO HAY QUE DRAMATIZAR IMAGINANDO QUE SE LES VIENE LA MISERIA ENCIMA!
NO, SI YA SÉ QUE NO; PERO DA UN POCO DE RABIA
Y BUENO; EL ASUNTO ES NO TOMAR LAS COSAS A LA TREMENDA
¡CLARO!
¡AH, MIRÁ VOS! TE TRAÍA ESTO Y YA ME OLVIDABA DE DEJÁRTELO
¿AJHÁ? ¿QUÉ ES?
EL TELÉFONO DE EMAÚS, POR LAS DUDAS
©QUINO

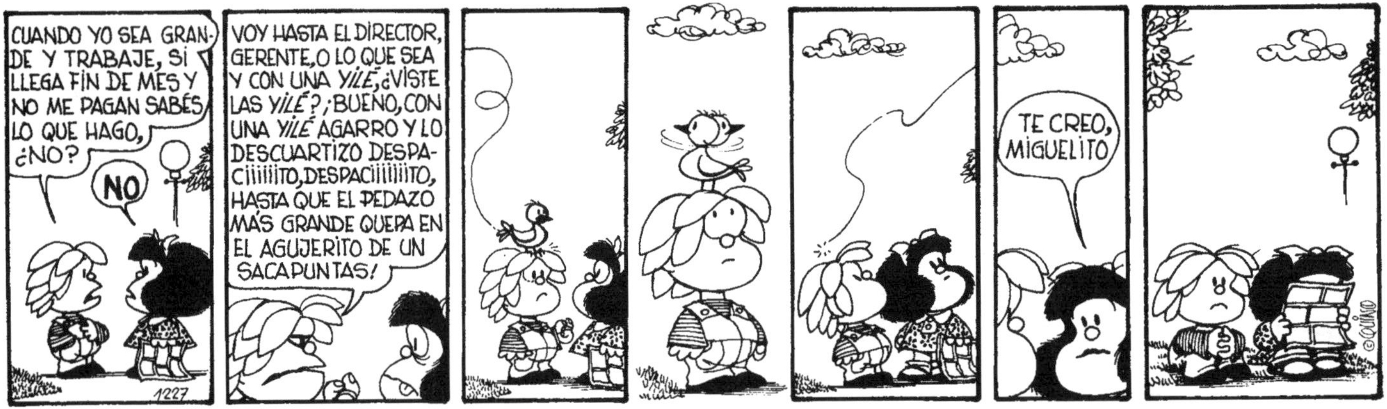
CUANDO YO SEA GRANDE Y TRABAJE, SI LLEGA FIN DE MES Y NO ME PAGAN SABÉS LO QUE HAGO, ¿NO?
NO
1227
VOY HASTA EL DIRECTOR, GERENTE, O LO QUE SEA Y CON UNA *YILÉ*, ¿VISTE LAS *YILÉ*? ¡BUENO, CON UNA *YILÉ* AGARRO Y LO DESCUARTIZO DESPACIIIIIITO, DESPACIIIIIIITO, HASTA QUE EL PEDAZO MÁS GRANDE QUEPA EN EL AGUJERITO DE UN SACAPUNTAS!
TE CREO, MIGUELITO
©QUINO

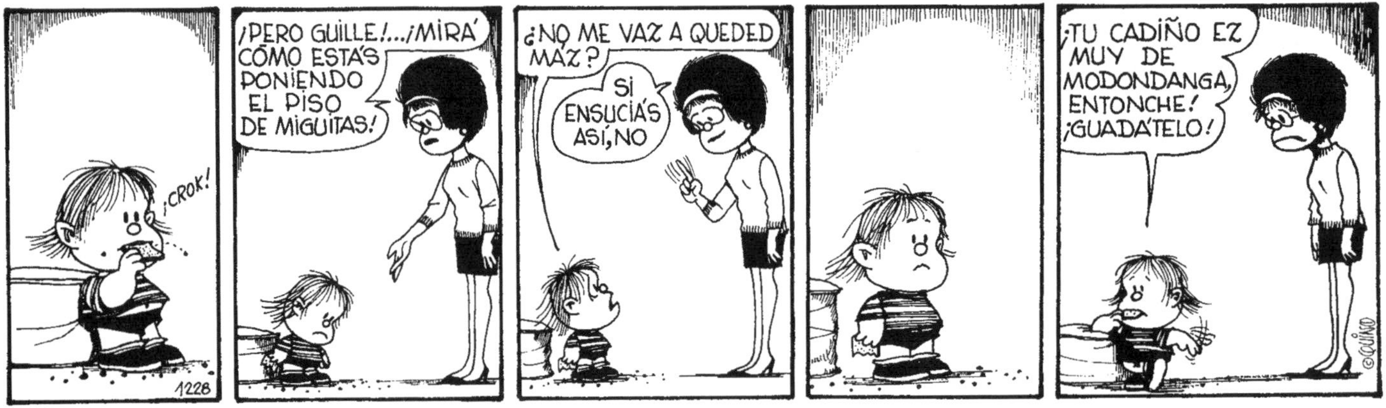
¡CROK!
1228
¡PERO GUILLE!... ¡MIRÁ CÓMO ESTÁS PONIENDO EL PISO DE MIGUITAS!
¿NO ME VAZ A QUEDED MÁZ?
SI ENSUCIÁS ASÍ, NO
¡TU CADIÑO EZ MUY DE MODONDANGA, ENTONCHE! ¡GUADÁTELO!
©QUINO

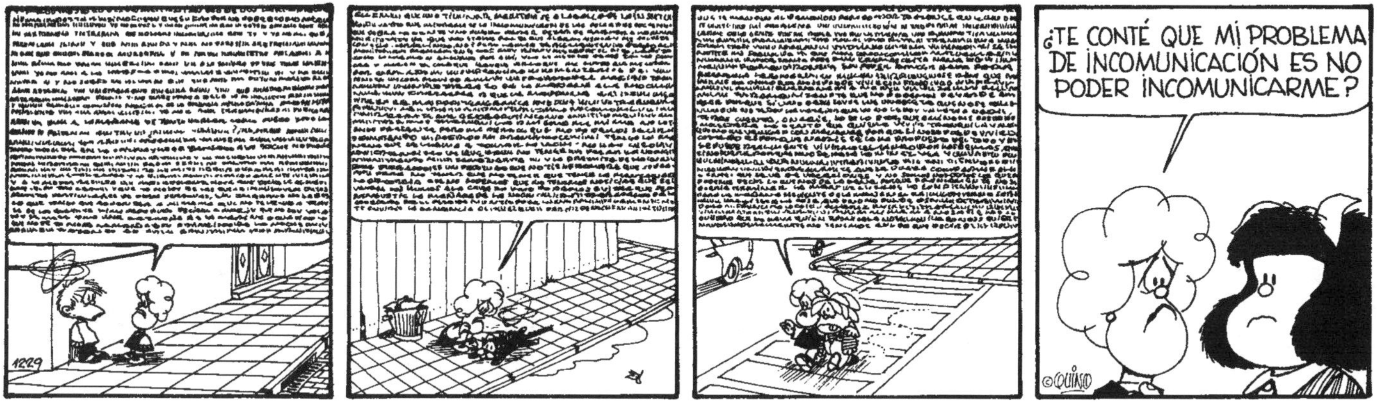

1229
¿TE CONTÉ QUE MI PROBLEMA DE INCOMUNICACIÓN ES NO PODER INCOMUNICARME?
©QUINO

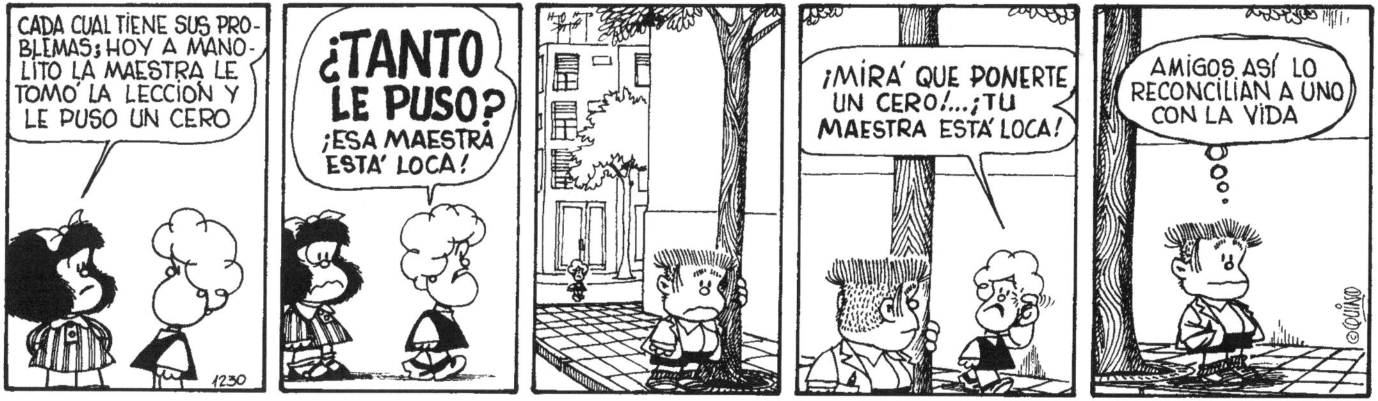

CADA CUAL TIENE SUS PROBLEMAS; HOY A MANOLITO LA MAESTRA LE TOMÓ LA LECCIÓN Y LE PUSO UN CERO
1230
¿TANTO LE PUSO? ¡ESA MAESTRA ESTÁ LOCA!
¡MIRÁ QUE PONERTE UN CERO!... ¡TU MAESTRA ESTÁ LOCA!
AMIGOS ASÍ LO RECONCILIAN A UNO CON LA VIDA
©QUINO

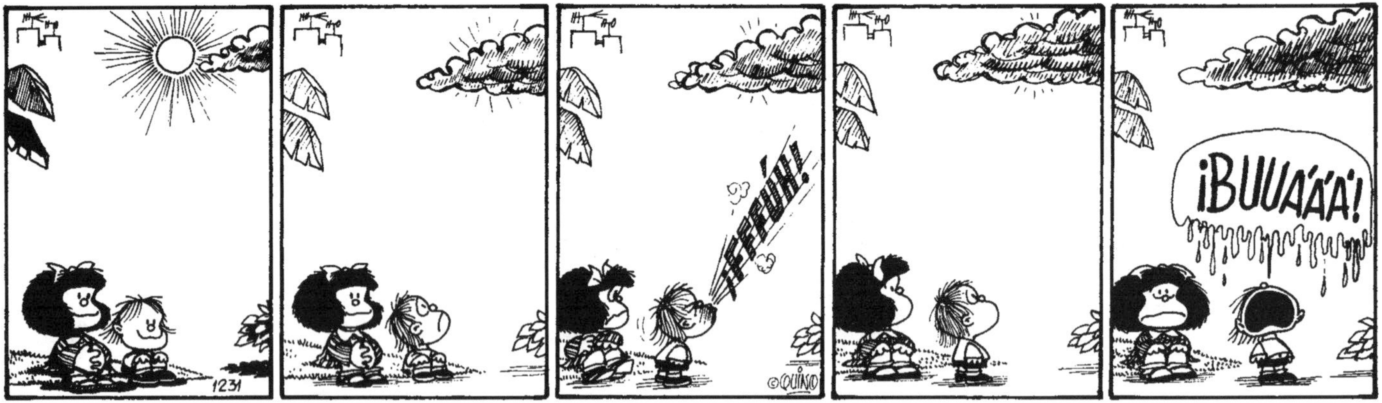

1231
¡FFFUH!
©QUINO
¡BUUÁÁÁ!

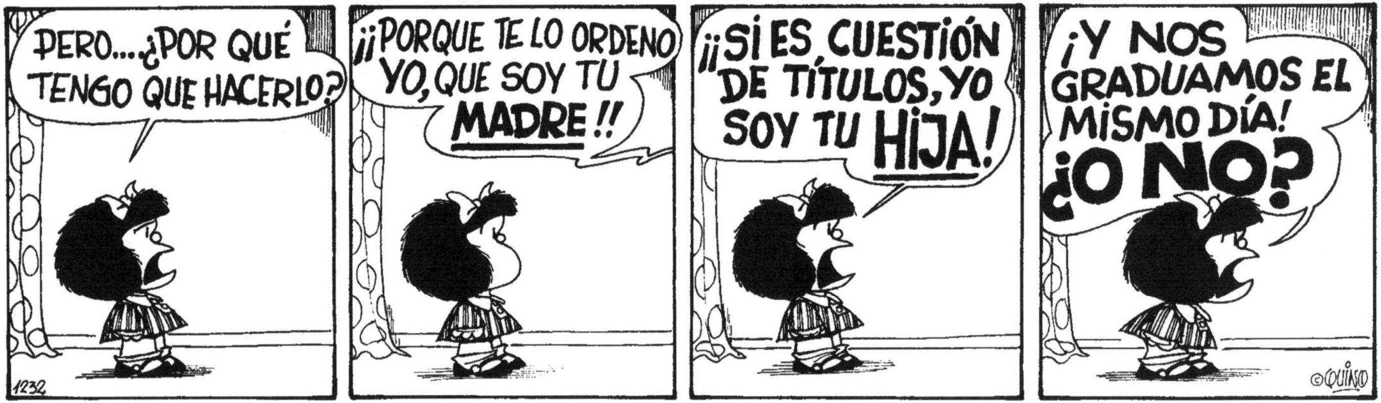

PERO... ¿POR QUÉ TENGO QUE HACERLO?
¡¡PORQUE TE LO ORDENO YO, QUE SOY TU MADRE!!
¡¡SI ES CUESTIÓN DE TÍTULOS, YO SOY TU HIJA!
¡Y NOS GRADUAMOS EL MISMO DÍA! ¿O NO?
1232
©QUINO

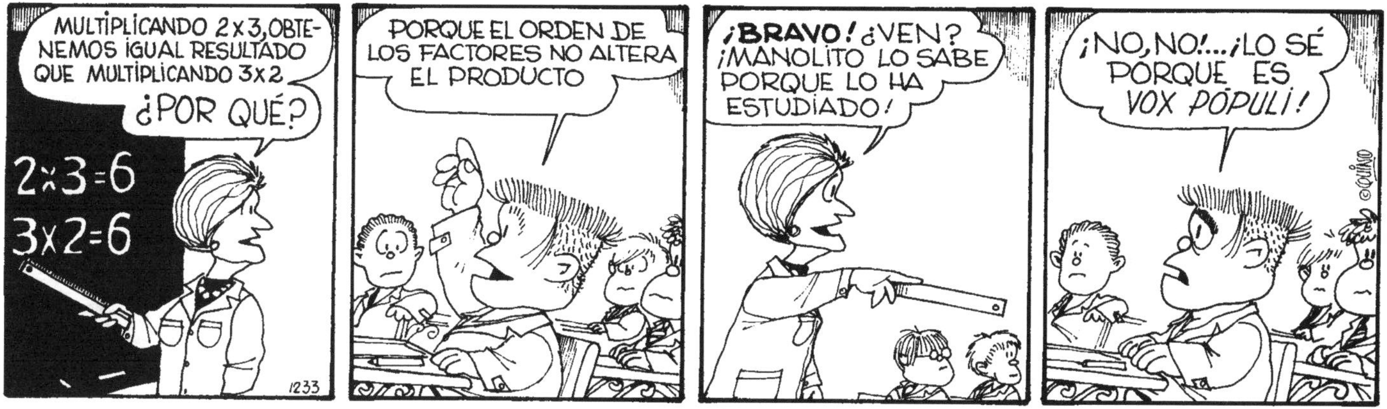
MULTIPLICANDO 2x3, OBTENEMOS IGUAL RESULTADO QUE MULTIPLICANDO 3x2
¿POR QUÉ?
2x3=6
3x2=6
1233
PORQUE EL ORDEN DE LOS FACTORES NO ALTERA EL PRODUCTO
¡BRAVO! ¿VEN? ¡MANOLITO LO SABE PORQUE LO HA ESTUDIADO!
¡NO, NO!... ¡LO SÉ PORQUE ES *VOX PÓPULI*!
©QUINO

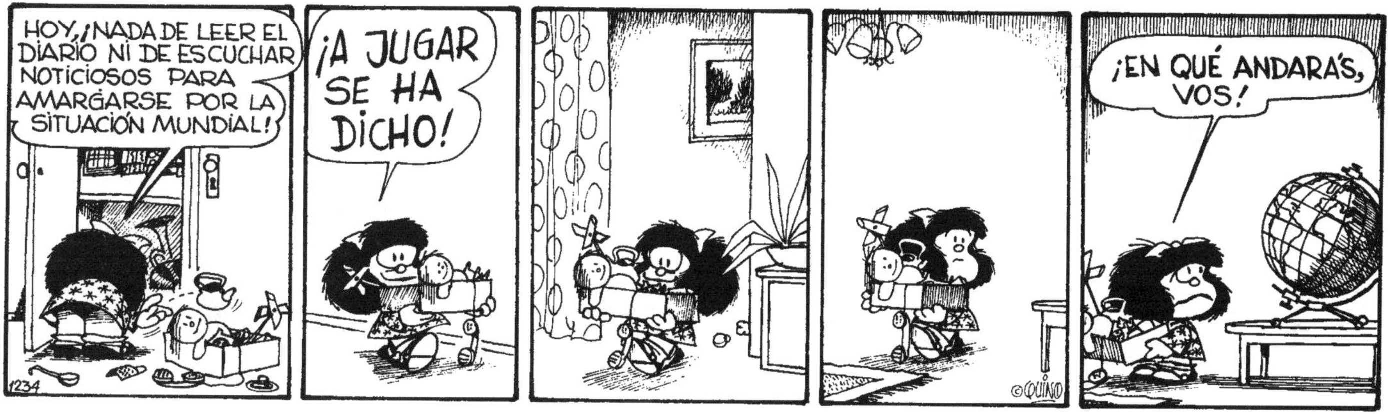
HOY, ¡NADA DE LEER EL DIARIO NI DE ESCUCHAR NOTICIOSOS PARA AMARGARSE POR LA SITUACIÓN MUNDIAL!
1234
¡A JUGAR SE HA DICHO!
©QUINO
¡EN QUÉ ANDARÁS, VOS!

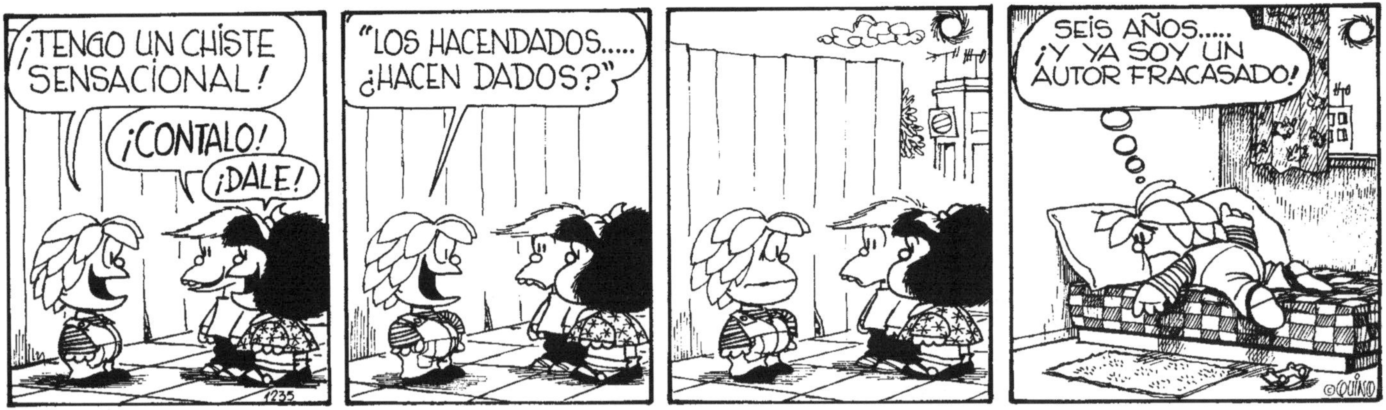
¡TENGO UN CHISTE SENSACIONAL!
¡CONTALO!
¡DALE!
1235
"LOS HACENDADOS..... ¿HACEN DADOS?"
SEIS AÑOS..... ¡Y YA SOY UN AUTOR FRACASADO!
©QUINO

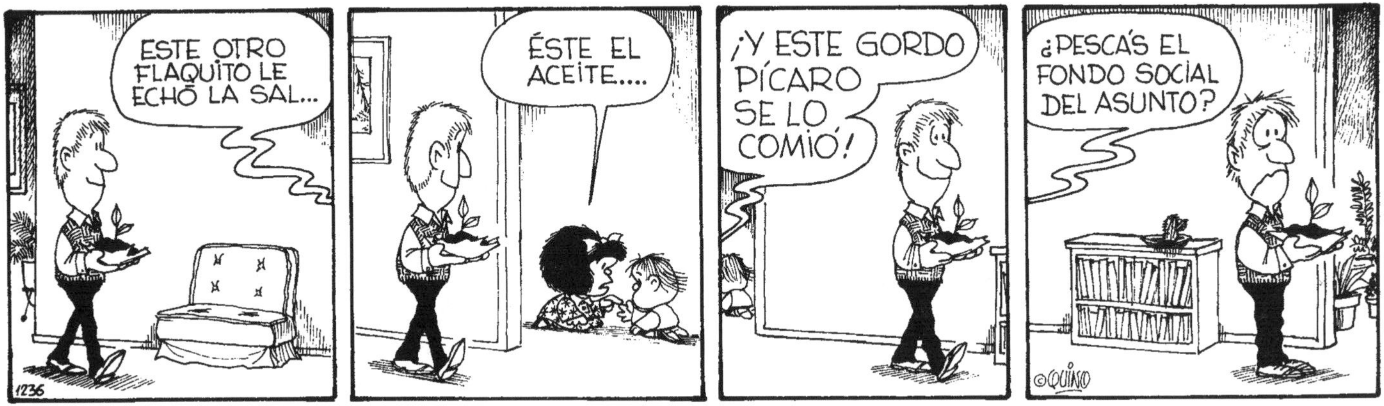
ESTE OTRO FLAQUITO LE ECHÓ LA SAL...
1236
ÉSTE EL ACEITE....
¡Y ESTE GORDO PÍCARO SE LO COMIÓ!
¿PESCÁS EL FONDO SOCIAL DEL ASUNTO?
©QUINO

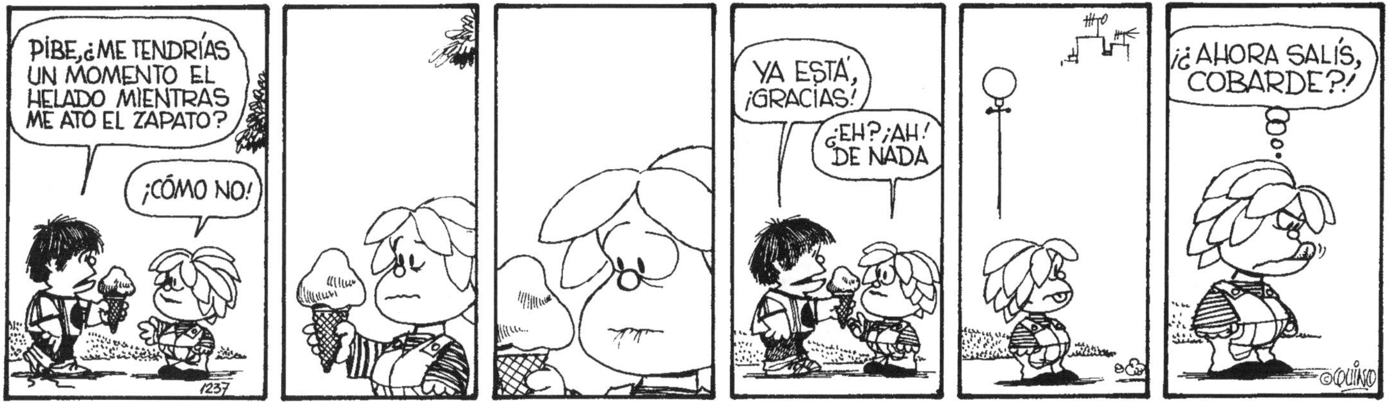
PIBE, ¿ME TENDRÍAS UN MOMENTO EL HELADO MIENTRAS ME ATO EL ZAPATO?
¡CÓMO NO!
1237
YA ESTÁ, ¡GRACIAS!
¿EH? ¡AH! DE NADA
¡¿AHORA SALÍS, COBARDE?!
©QUINO

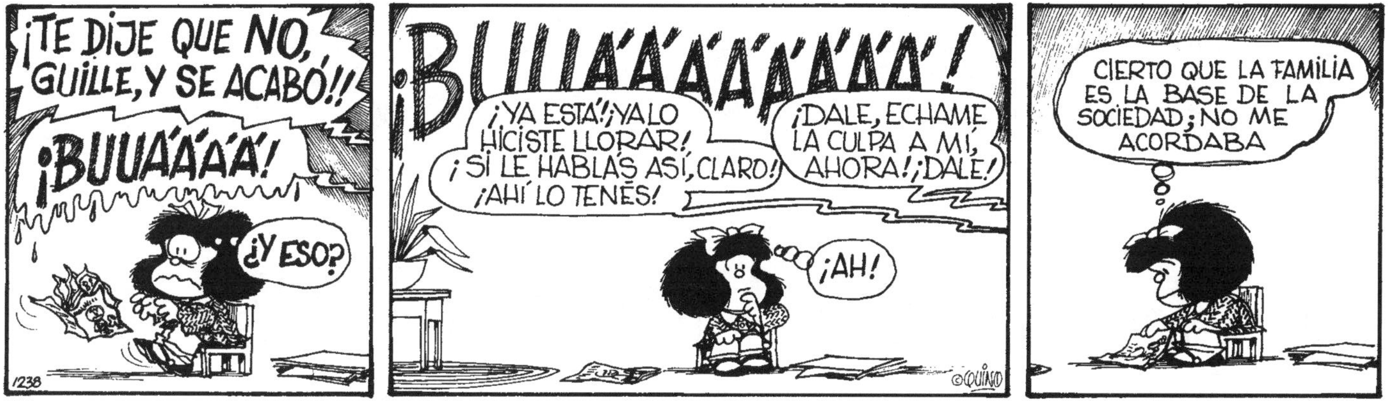
¡TE DIJE QUE NO, GUILLE, Y SE ACABÓ!!
¡BUUÁÁÁ!
¿Y ESO?
1238
¡BUUÁÁÁÁÁÁÁ!
¡YA ESTÁ! ¡YA LO HICISTE LLORAR! ¡SI LE HABLÁS ASÍ, CLARO! ¡AHÍ LO TENÉS!
¡DALE, ECHAME LA CULPA A MÍ, AHORA! ¡DALE!
¡AH!
©QUINO
CIERTO QUE LA FAMILIA ES LA BASE DE LA SOCIEDAD; NO ME ACORDABA

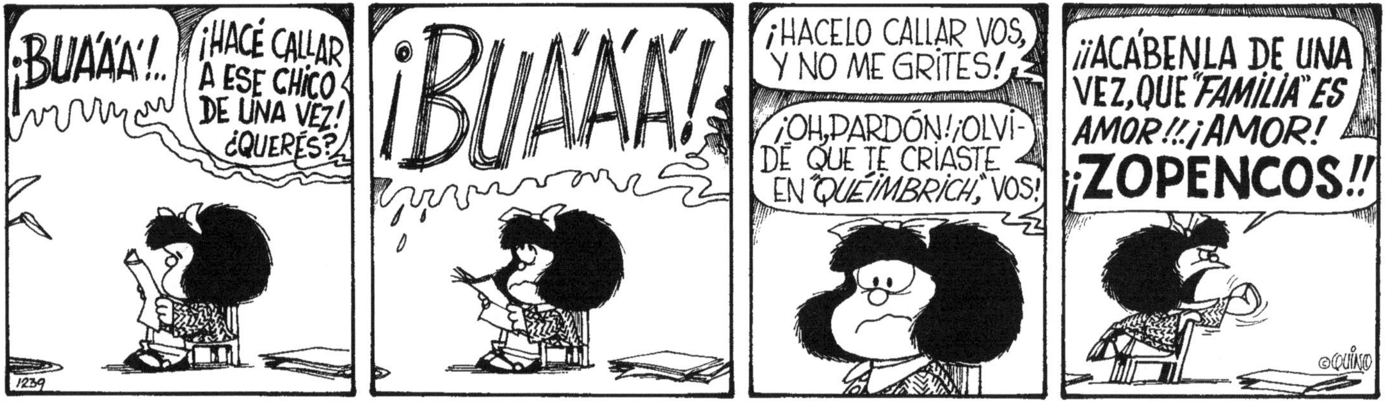
¡BUÁÁÁ!..
¡HACÉ CALLAR A ESE CHICO DE UNA VEZ! ¿QUERÉS?
1239
¡BUÁÁÁ!
¡HACELO CALLAR VOS, Y NO ME GRITES!
¡OH, PARDÓN! ¡OLVIDÉ QUE TE CRIASTE EN "QUÉIMBRICH", VOS!
¡¡ACÁBENLA DE UNA VEZ, QUE "FAMILIA" ES AMOR!!.¡AMOR! ¡ZOPENCOS!!
©QUINO

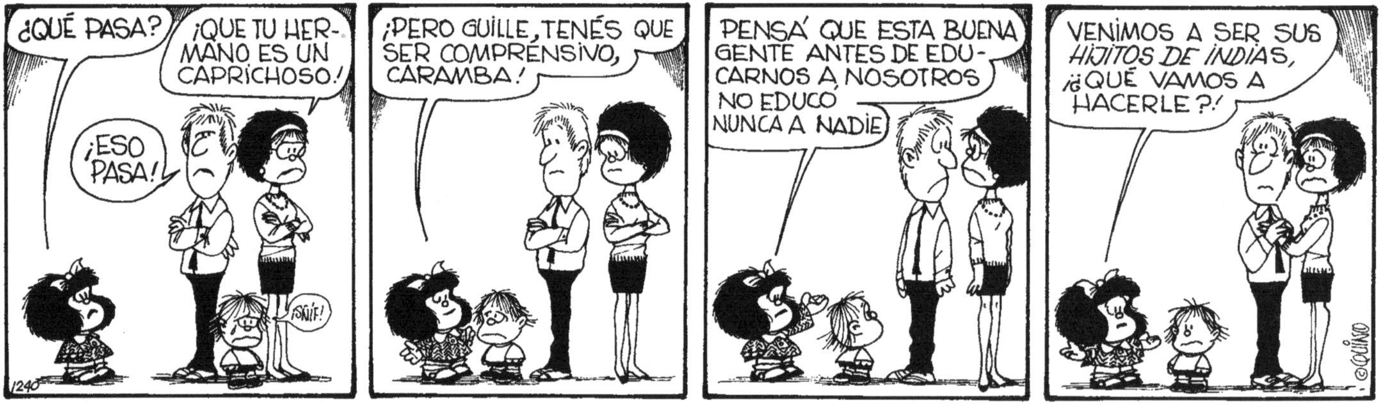
¿QUÉ PASA?
¡QUE TU HERMANO ES UN CAPRICHOSO!
¡ESO PASA!
¡SNIF!
1240
¡PERO GUILLE, TENÉS QUE SER COMPRENSIVO, CARAMBA!
PENSÁ QUE ESTA BUENA GENTE ANTES DE EDUCARNOS A NOSOTROS NO EDUCÓ NUNCA A NADIE
VENIMOS A SER SUS HIJITOS DE INDIAS, ¡¿QUÉ VAMOS A HACERLE?!
©QUINO

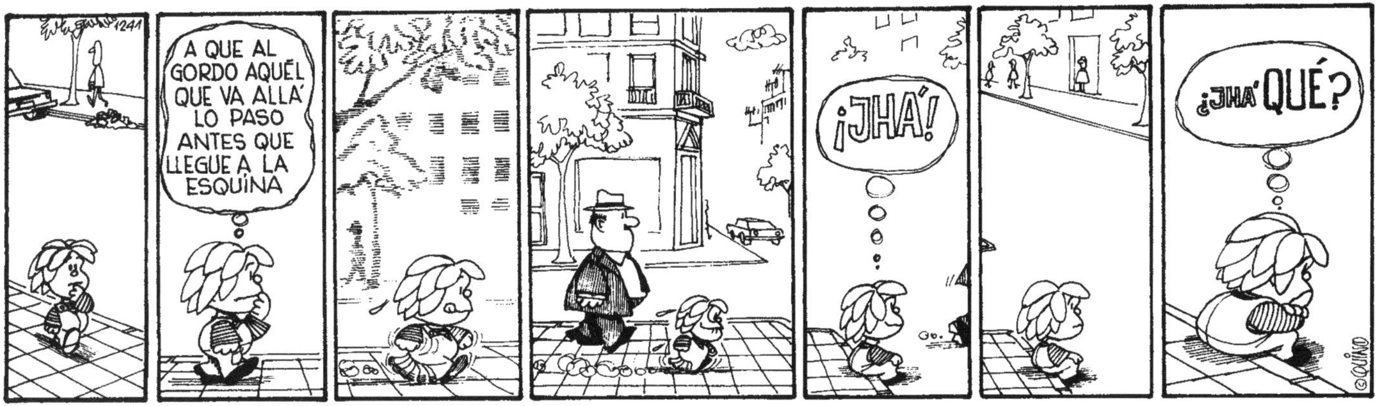
1241
A QUE AL GORDO AQUÉL QUE VA ALLÁ LO PASO ANTES QUE LLEGUE A LA ESQUINA
¡JHÁ!
¿JHA' QUÉ?
© QUINO

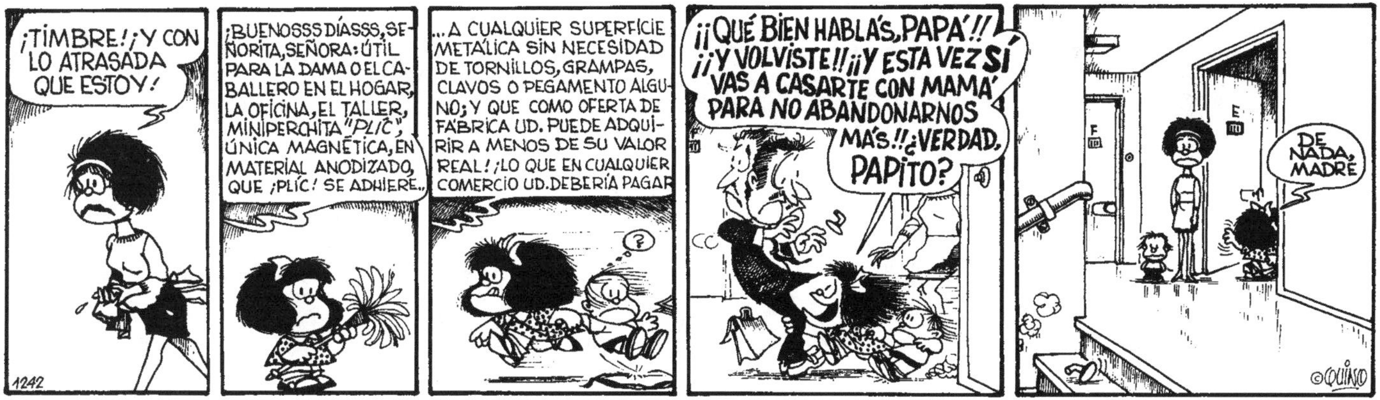
¡TIMBRE! ¡Y CON LO ATRASADA QUE ESTOY!
1242
¡BUENOSSS DÍASSS, SEÑORITA, SEÑORA: ÚTIL PARA LA DAMA O EL CABALLERO EN EL HOGAR, LA OFICINA, EL TALLER, MINIPERCHITA "PLIC", ÚNICA MAGNÉTICA, EN MATERIAL ANODIZADO, QUE ¡PLIC! SE ADHIERE..
...A CUALQUIER SUPERFICIE METÁLICA SIN NECESIDAD DE TORNILLOS, GRAMPAS, CLAVOS O PEGAMENTO ALGUNO; Y QUE COMO OFERTA DE FÁBRICA UD. PUEDE ADQUIRIR A MENOS DE SU VALOR REAL! ¡LO QUE EN CUALQUIER COMERCIO UD. DEBERÍA PAGAR
?
¡¡QUÉ BIEN HABLÁS, PAPÁ!! ¡¡Y VOLVISTE!! ¡¡Y ESTA VEZ SÍ VAS A CASARTE CON MAMÁ PARA NO ABANDONARNOS MÁS!! ¿VERDAD, PAPITO?
DE NADA, MADRE
© QUINO

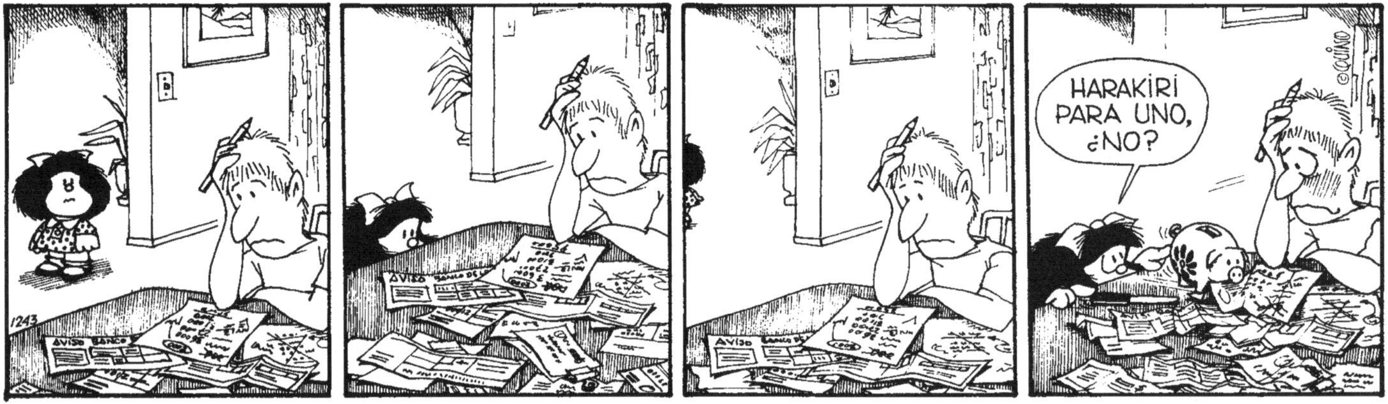
1243
HARAKIRI PARA UNO, ¿NO?
©QUINO

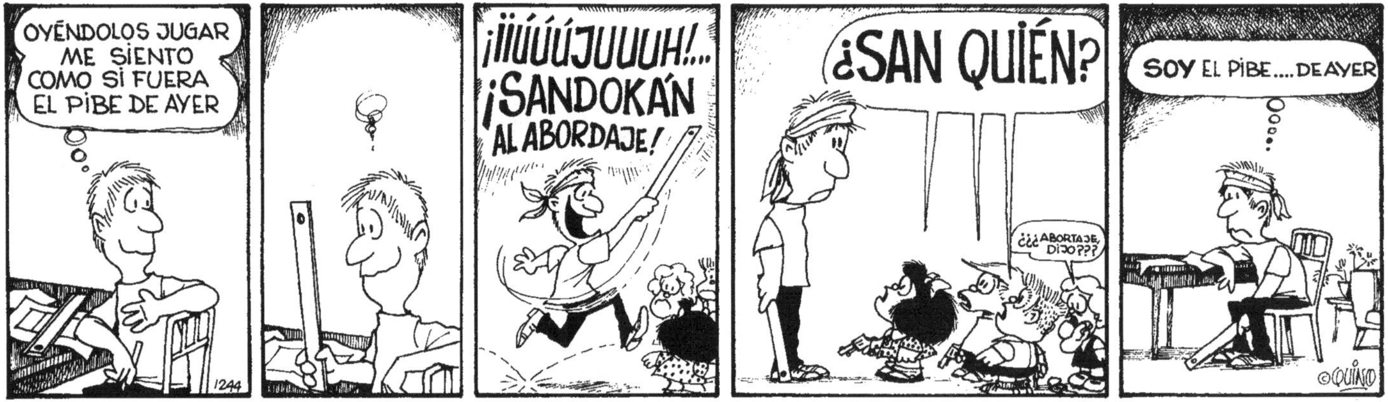
OYÉNDOLOS JUGAR ME SIENTO COMO SI FUERA EL PIBE DE AYER
1244
¡¡IIÚÚÚJUUUH!!...
¡SANDOKÁN AL ABORDAJE!
¿SAN QUIÉN?
¿¿¿ABORTAJE, DIJO???
SOY EL PIBE.... DE AYER
©QUINO

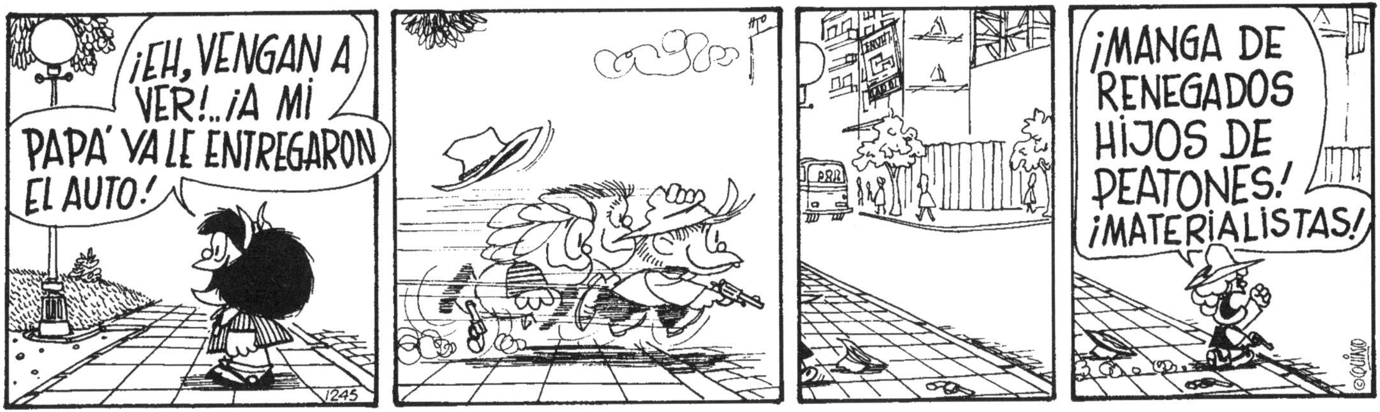
¡EH, VENGAN A VER!.. ¡A MI PAPÁ YA LE ENTREGARON EL AUTO!
1245
¡MANGA DE RENEGADOS HIJOS DE PEATONES! ¡MATERIALISTAS!
© QUINO

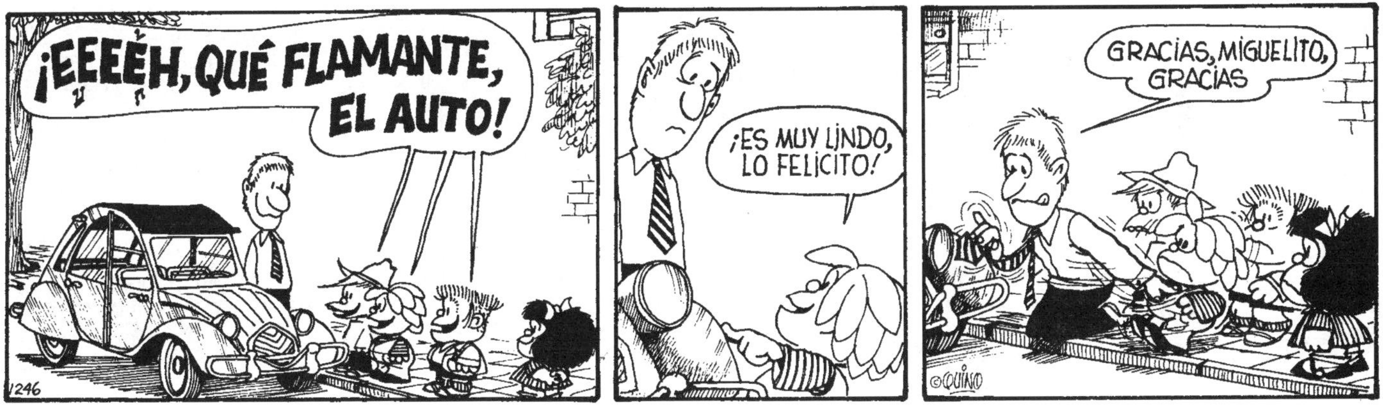
¡EEEÉH, QUÉ FLAMANTE, EL AUTO!
1246
¡ES MUY LINDO, LO FELICITO!
GRACIAS, MIGUELITO, GRACIAS
© QUINO

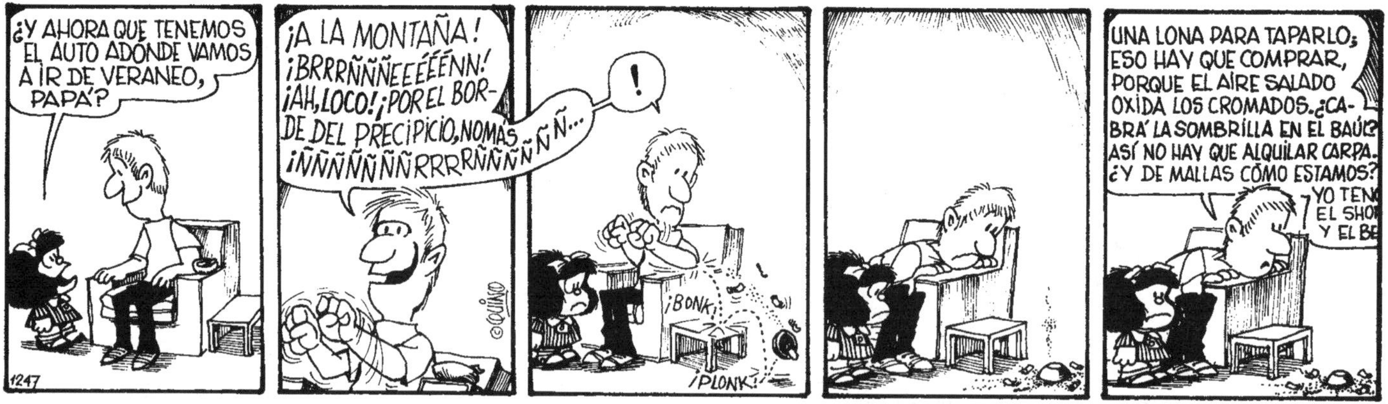

1247
¿Y AHORA QUE TENEMOS EL AUTO ADÓNDE VAMOS A IR DE VERANEO, PAPÁ?
¡A LA MONTAÑA! ¡BRRRÑÑÑEEEÉÉÉNN! ¡AH, LOCO! ¡POR EL BORDE DEL PRECIPICIO, NOMÁS ¡ÑÑÑÑÑÑÑRRRRÑÑÑÑÑÑ...
©QUINO
!
¡BONK!
¡PLONK!
UNA LONA PARA TAPARLO; ESO HAY QUE COMPRAR, PORQUE EL AIRE SALADO OXIDA LOS CROMADOS. ¿CABRÁ LA SOMBRILLA EN EL BAÚL? ASÍ NO HAY QUE ALQUILAR CARPA. ¿Y DE MALLAS CÓMO ESTAMOS?
YO TEN
EL SHO
Y EL BE

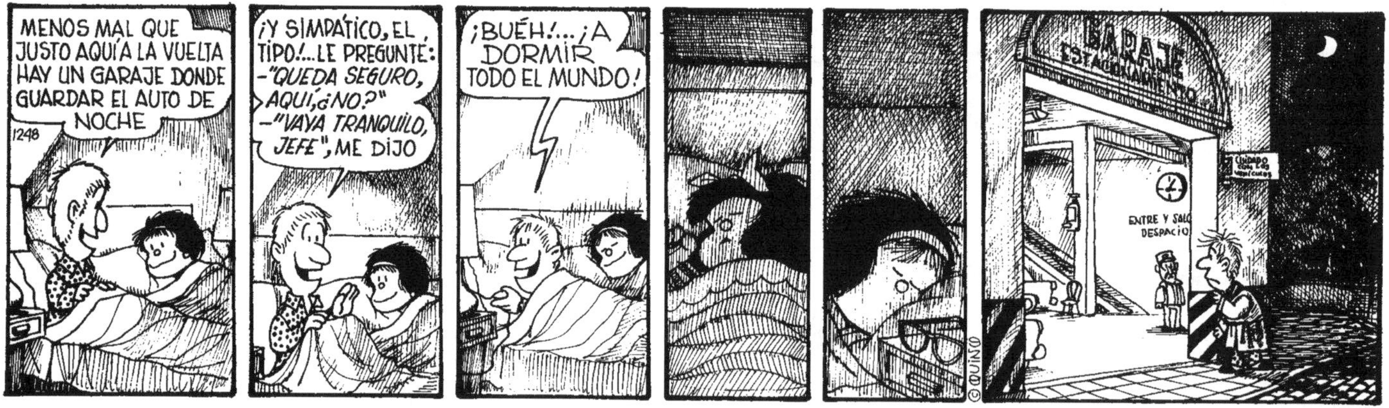

1248
MENOS MAL QUE JUSTO AQUÍ A LA VUELTA HAY UN GARAJE DONDE GUARDAR EL AUTO DE NOCHE
¡Y SIMPÁTICO, EL TIPO!... LE PREGUNTÉ: -"QUEDA SEGURO, AQUÍ, ¿NO?" -"VAYA TRANQUILO, JEFE", ME DIJO
¡BUÉH!... ¡A DORMIR TODO EL MUNDO!
©QUINO
GARAJE
ENTRE Y SALG
DESPACIO

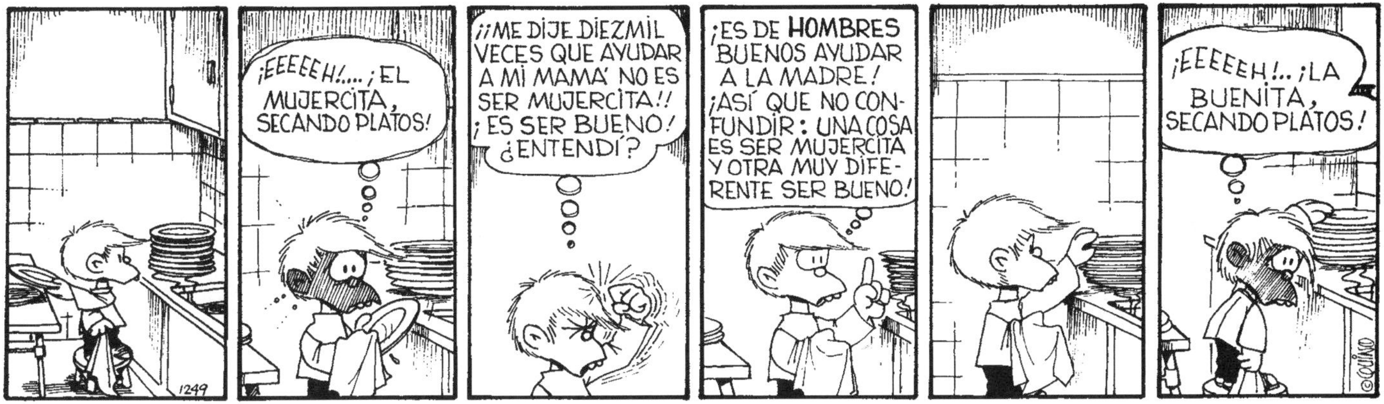
1249
¡EEEEEH!.... ¡EL MUJERCITA, SECANDO PLATOS!
¡¡ME DIJE DIEZMIL VECES QUE AYUDAR A MI MAMÁ NO ES SER MUJERCITA!! ¡ES SER BUENO! ¿ENTENDÍ?
¡ES DE HOMBRES BUENOS AYUDAR A LA MADRE! ¡ASÍ QUE NO CONFUNDIR: UNA COSA ES SER MUJERCITA Y OTRA MUY DIFERENTE SER BUENO!
¡EEEEEH!.. ¡LA BUENITA, SECANDO PLATOS!
©QUINO

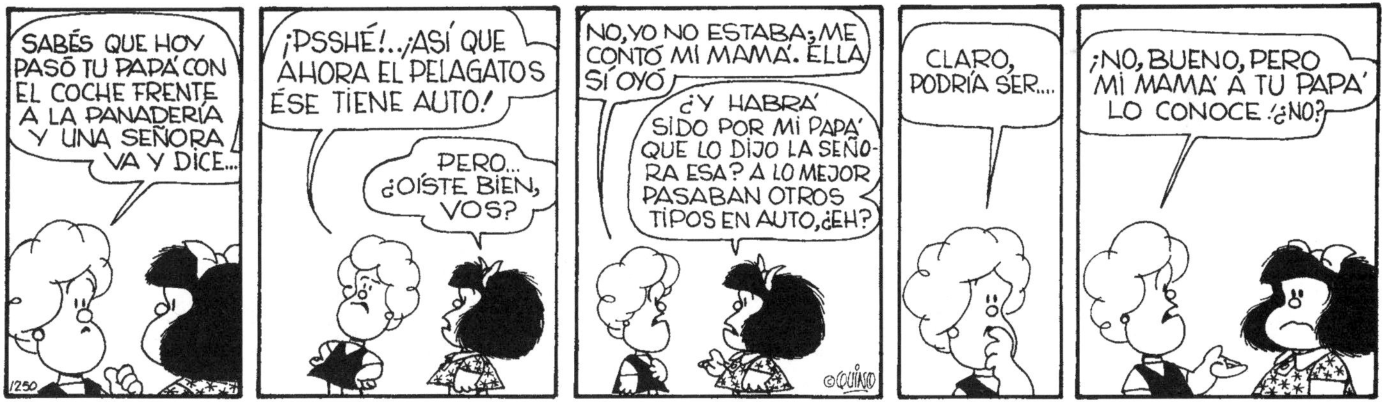
SABÉS QUE HOY PASÓ TU PAPÁ CON EL COCHE FRENTE A LA PANADERÍA Y UNA SEÑORA VA Y DICE...
1250
¡PSSHÉ!..¡ASÍ QUE AHORA EL PELAGATOS ÉSE TIENE AUTO!
PERO... ¿OÍSTE BIEN, VOS?
NO, YO NO ESTABA; ME CONTÓ MI MAMÁ. ELLA SÍ OYÓ
¿Y HABRÁ SIDO POR MI PAPÁ QUE LO DIJO LA SEÑORA ESA? A LO MEJOR PASABAN OTROS TIPOS EN AUTO, ¿EH?
©QUINO
CLARO, PODRÍA SER....
¡NO, BUENO, PERO MI MAMÁ A TU PAPÁ LO CONOCE! ¿NO?

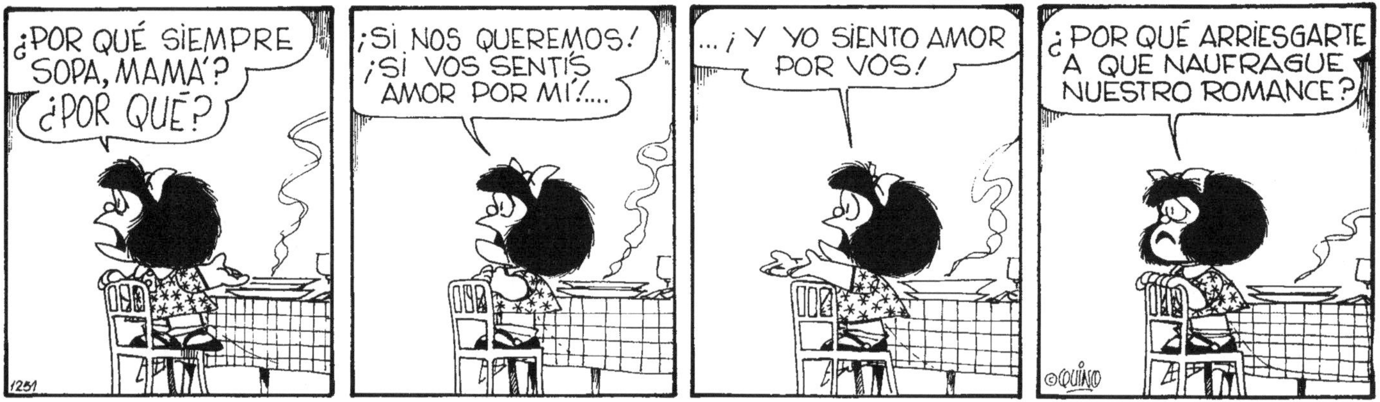
¿POR QUÉ SIEMPRE SOPA, MAMÁ? ¿POR QUÉ?
1251
¡SI NOS QUEREMOS! ¡SI VOS SENTÍS AMOR POR MÍ!...
...¡Y YO SIENTO AMOR POR VOS!
¿POR QUÉ ARRIESGARTE A QUE NAUFRAGUE NUESTRO ROMANCE?
©QUINO

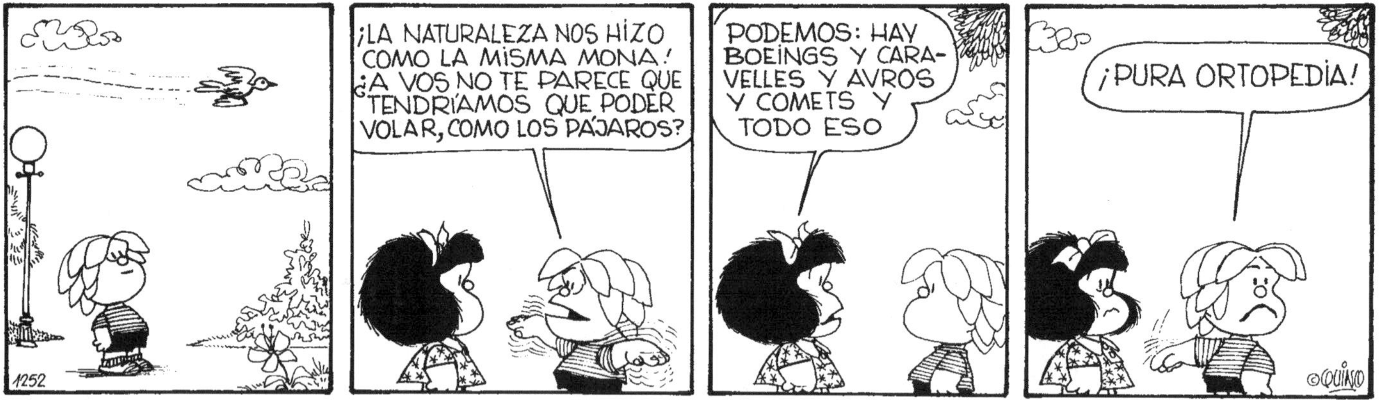
1252
¡LA NATURALEZA NOS HIZO COMO LA MISMA MONA! ¿A VOS NO TE PARECE QUE TENDRÍAMOS QUE PODER VOLAR, COMO LOS PÁJAROS?
PODEMOS: HAY BOEINGS Y CARA-VELLES Y AVROS Y COMETS Y TODO ESO
¡PURA ORTOPEDIA!
©QUINO

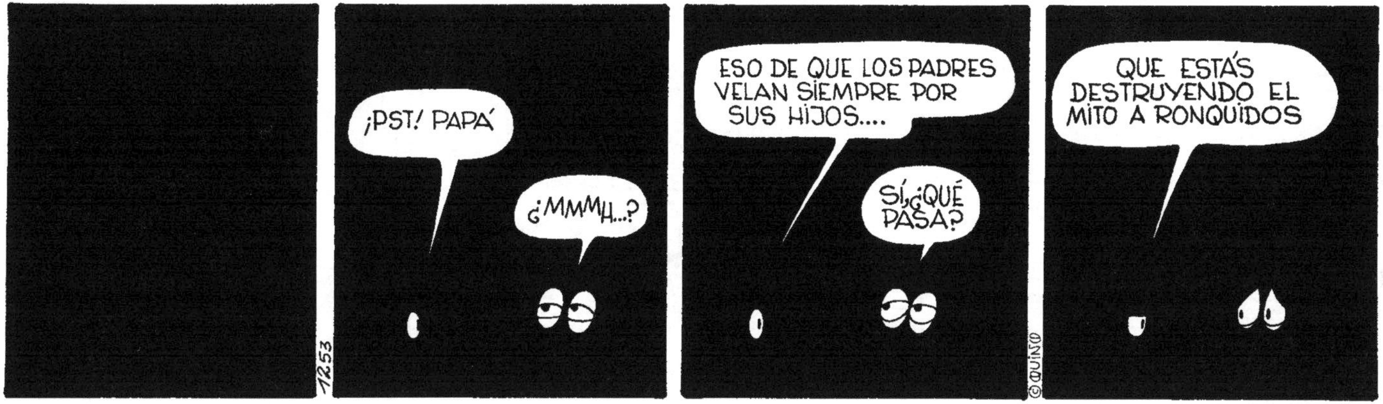
¡PST! PAPÁ
¿MMMH...?
ESO DE QUE LOS PADRES VELAN SIEMPRE POR SUS HIJOS....
SÍ, ¿QUÉ PASA?
QUE ESTÁS DESTRUYENDO EL MITO A RONQUIDOS
1253
©QUINO

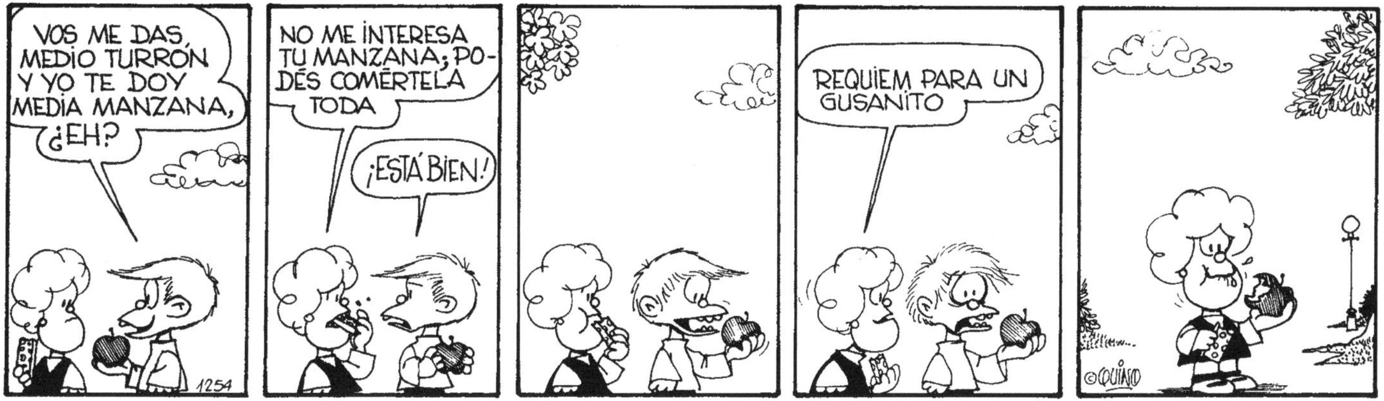
VOS ME DAS MEDIO TURRÓN Y YO TE DOY MEDIA MANZANA, ¿EH?
1254
NO ME INTERESA TU MANZANA; PODÉS COMÉRTELA TODA
¡ESTÁ BIEN!
REQUIEM PARA UN GUSANITO
©QUINO

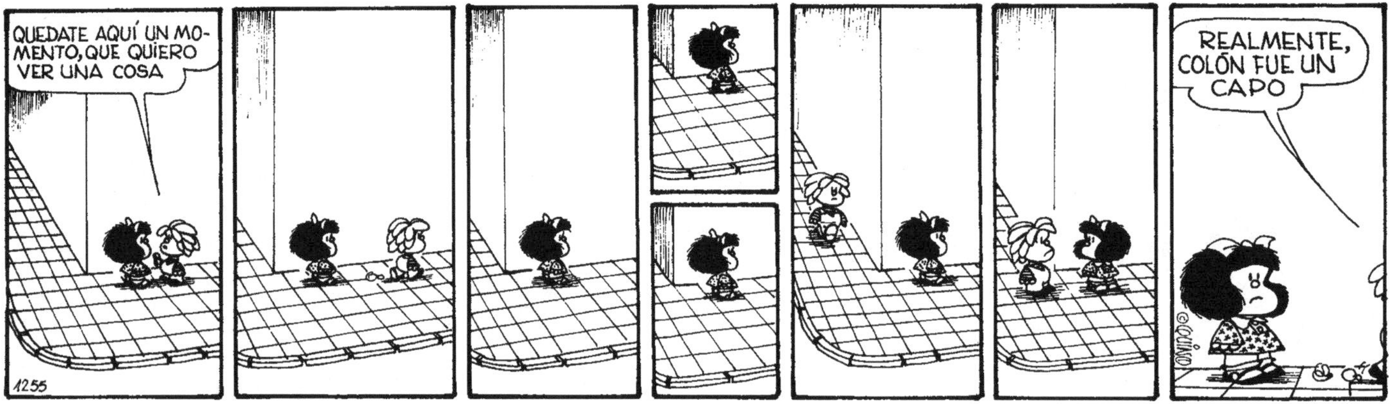
QUEDATE AQUÍ UN MOMENTO, QUE QUIERO VER UNA COSA
REALMENTE, COLÓN FUE UN CAPO

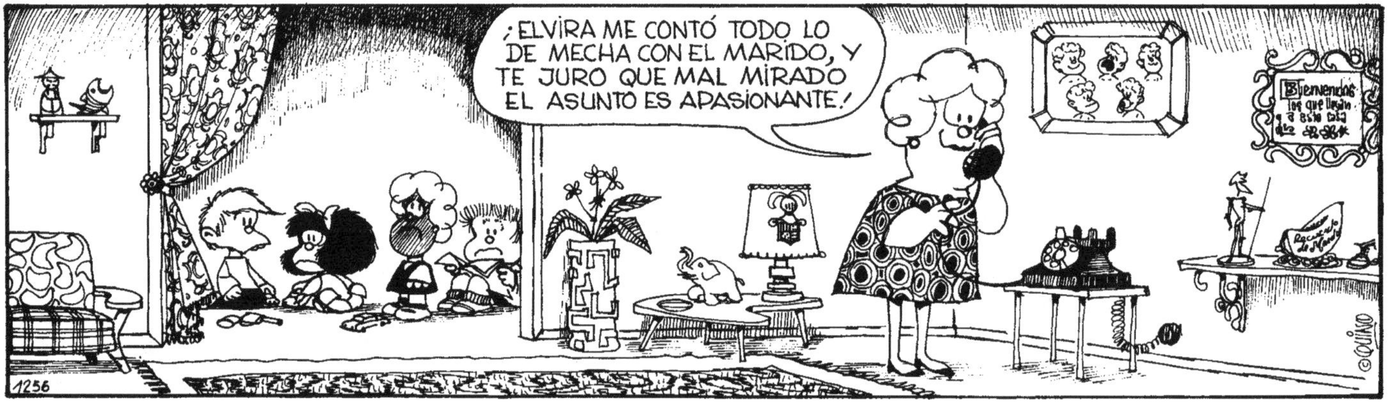
¡ELVIRA ME CONTÓ TODO LO DE MECHA CON EL MARIDO, Y TE JURO QUE MAL MIRADO EL ASUNTO ES APASIONANTE!

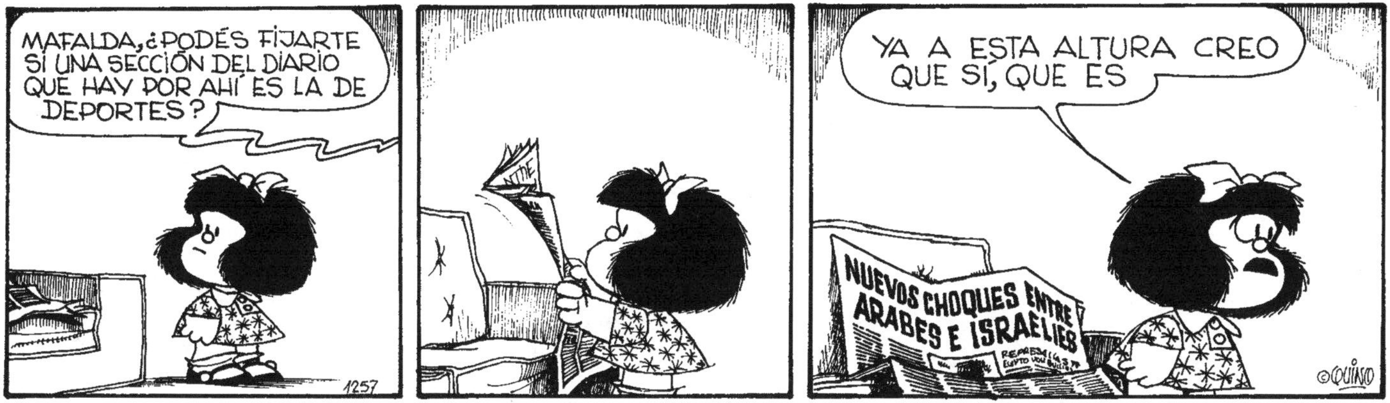
MAFALDA, ¿PODÉS FIJARTE SI UNA SECCIÓN DEL DIARIO QUE HAY POR AHÍ ES LA DE DEPORTES?
YA A ESTA ALTURA CREO QUE SÍ, QUE ES
NUEVOS CHOQUES ENTRE ARABES E ISRAELIES
1257
©QUINO

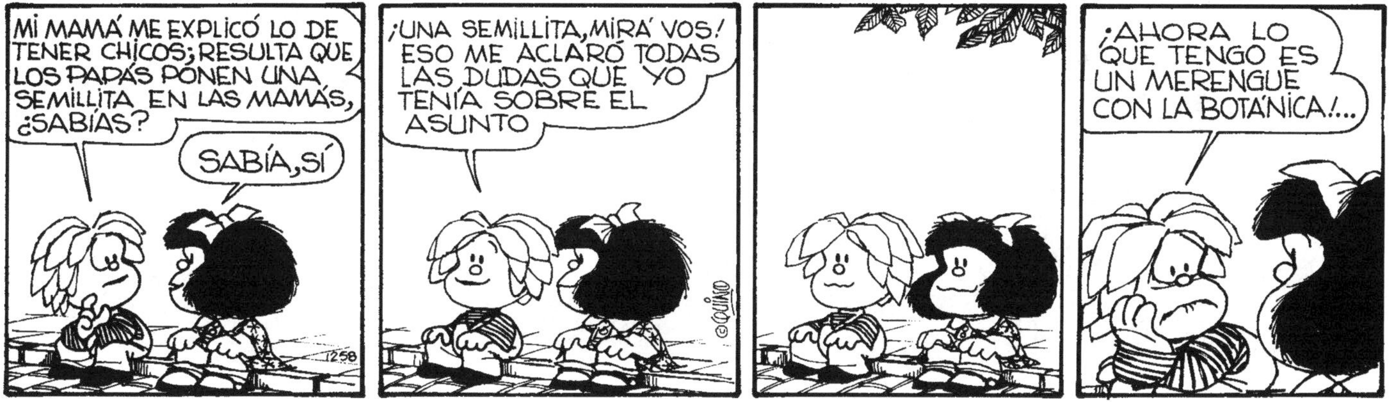
MI MAMÁ ME EXPLICÓ LO DE TENER CHICOS; RESULTA QUE LOS PAPÁS PONEN UNA SEMILLITA EN LAS MAMÁS, ¿SABÍAS?
SABÍA, SÍ
1258
¡UNA SEMILLITA, MIRÁ VOS! ESO ME ACLARÓ TODAS LAS DUDAS QUE YO TENÍA SOBRE EL ASUNTO
©QUINO
¡AHORA LO QUE TENGO ES UN MERENGUE CON LA BOTÁNICA!...

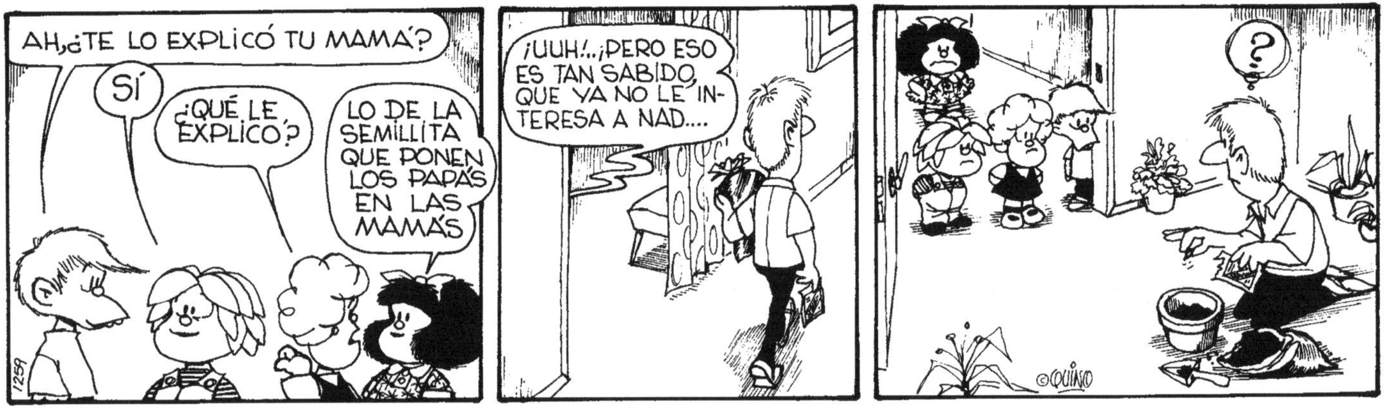
AH, ¿TE LO EXPLICÓ TU MAMÁ?
SÍ
¿QUÉ LE EXPLICÓ?
LO DE LA SEMILLITA QUE PONEN LOS PAPÁS EN LAS MAMÁS
1259
¡UUH!.. ¡PERO ESO ES TAN SABIDO, QUE YA NO LE INTERESA A NAD....
?
©QUINO

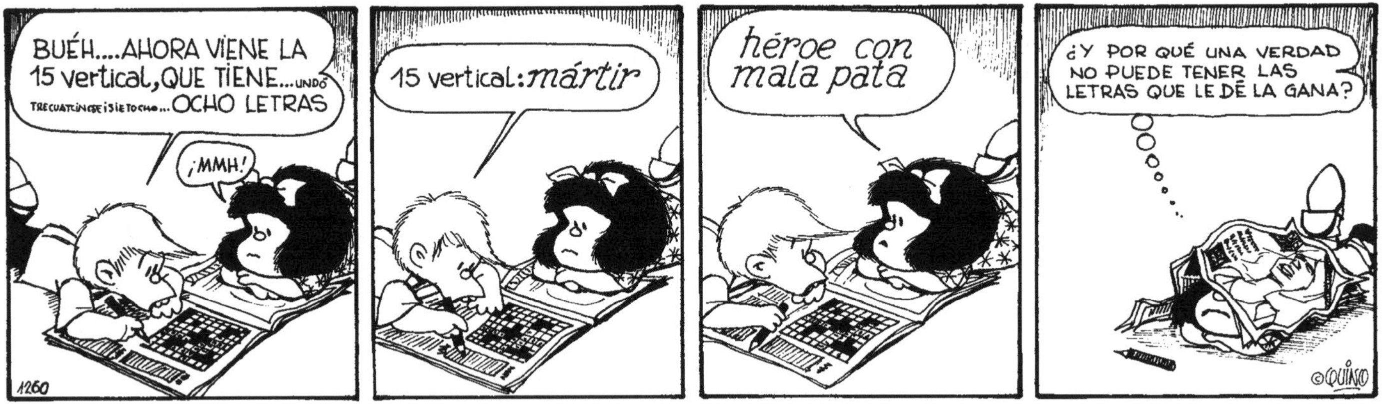
BUÉH....AHORA VIENE LA 15 vertical, QUE TIENE...UNDÓ TRECUATCINCOSEISIETOCHO...OCHO LETRAS
¡MMH!
1260
15 vertical: mártir
héroe con mala pata
¿Y POR QUÉ UNA VERDAD NO PUEDE TENER LAS LETRAS QUE LE DÉ LA GANA?
©QUINO

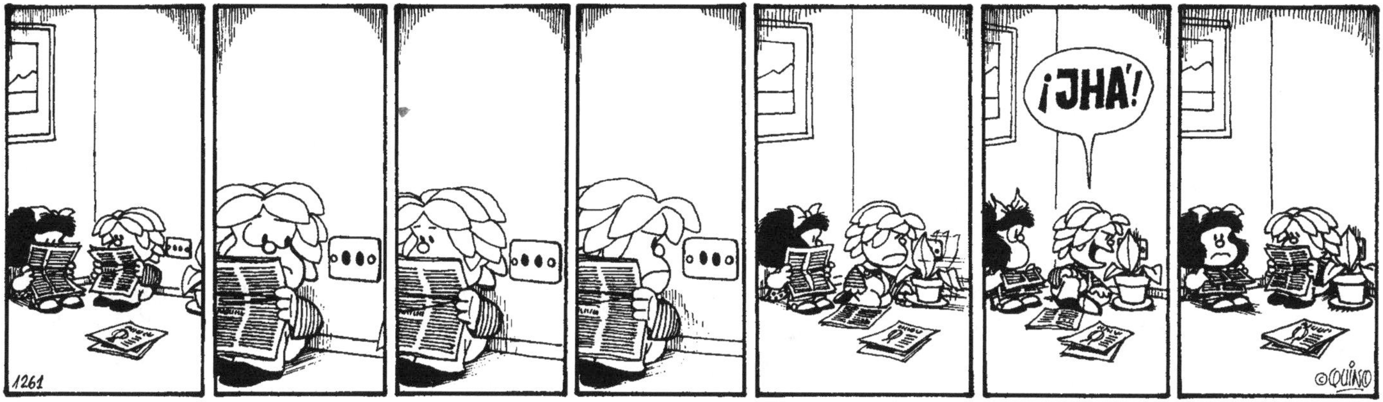
1261
¡JHA!
©QUINO

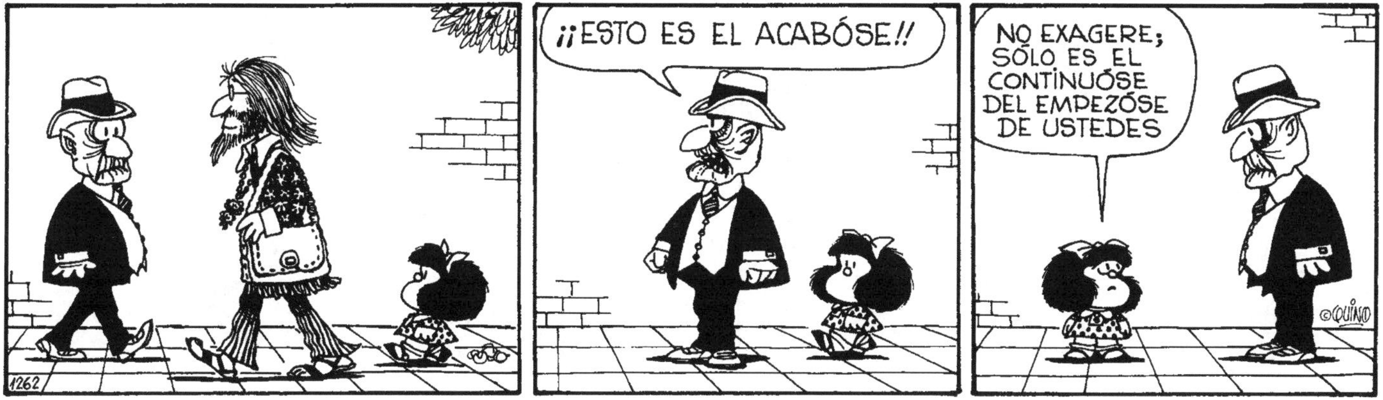
1262
¡¡ESTO ES EL ACABÓSE!!
NO EXAGERE; SÓLO ES EL CONTINUÓSE DEL EMPEZÓSE DE USTEDES
©QUINO

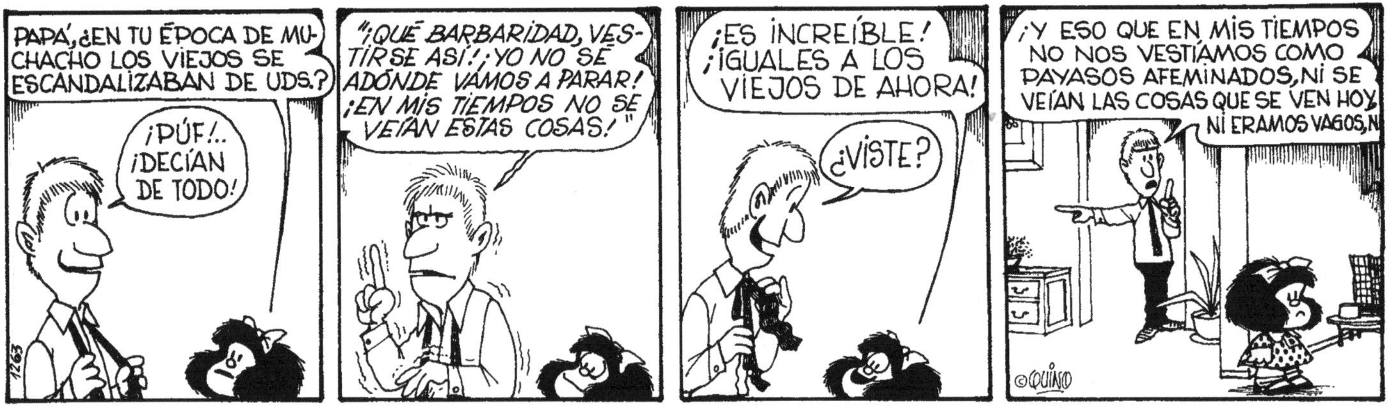
PAPÁ, ¿EN TU ÉPOCA DE MUCHACHO LOS VIEJOS SE ESCANDALIZABAN DE UDS.?
¡PÚF!.. ¡DECÍAN DE TODO!
1263
"¡QUÉ BARBARIDAD, VESTIRSE ASÍ!; ¡YO NO SÉ ADÓNDE VAMOS A PARAR! ¡EN MIS TIEMPOS NO SE VEÍAN ESTAS COSAS!"
¡ES INCREÍBLE! ¡IGUALES A LOS VIEJOS DE AHORA!
¿VISTE?
¡Y ESO QUE EN MIS TIEMPOS NO NOS VESTÍAMOS COMO PAYASOS AFEMINADOS, NI SE VEÍAN LAS COSAS QUE SE VEN HOY, NI ERAMOS VAGOS, N
©QUINO

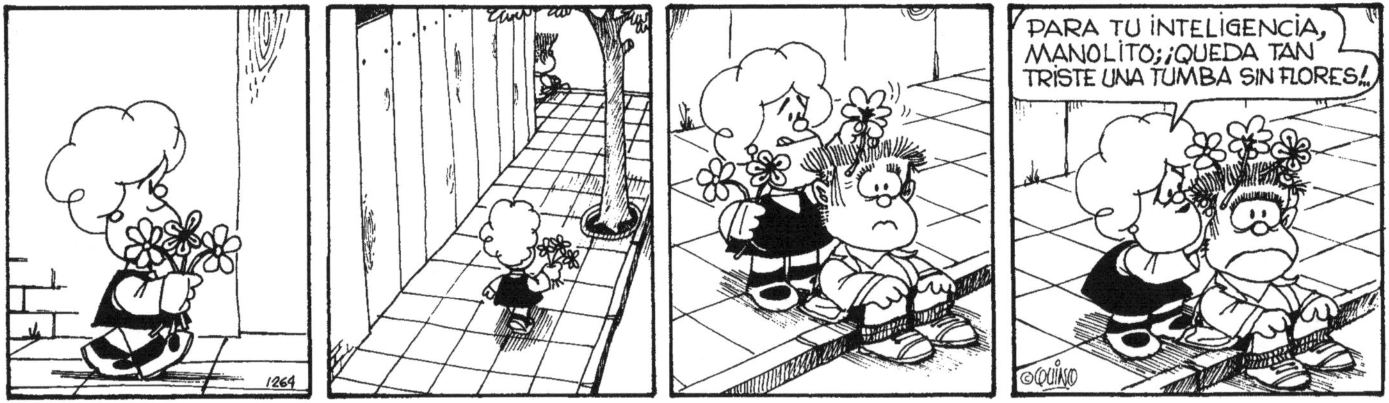
1264
PARA TU INTELIGENCIA, MANOLITO; ¡QUEDA TAN TRISTE UNA TUMBA SIN FLORES!..
©QUINO

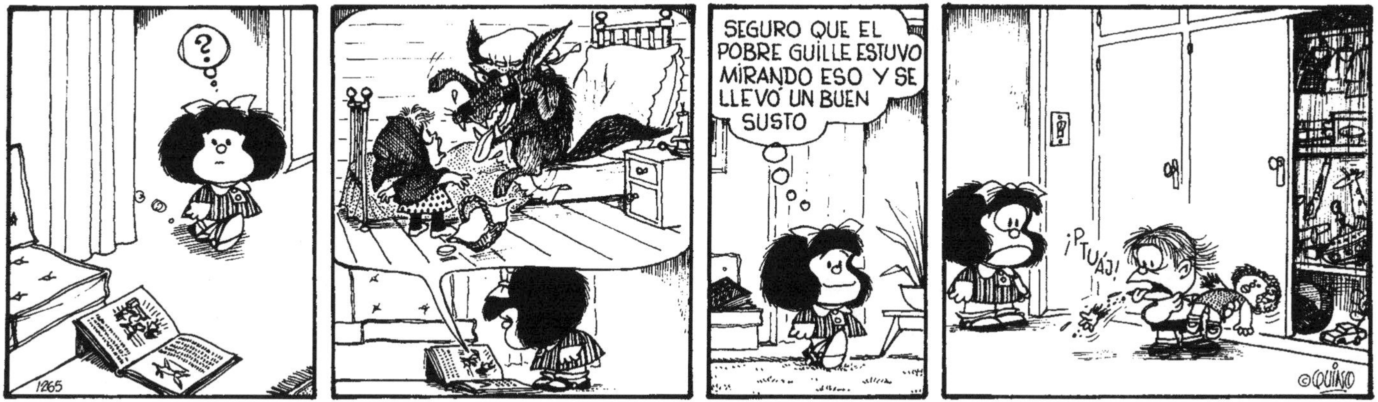
?
SEGURO QUE EL POBRE GUILLE ESTUVO MIRANDO ESO Y SE LLEVÓ UN BUEN SUSTO
¡PTUÁJ!
1265
©QUINO

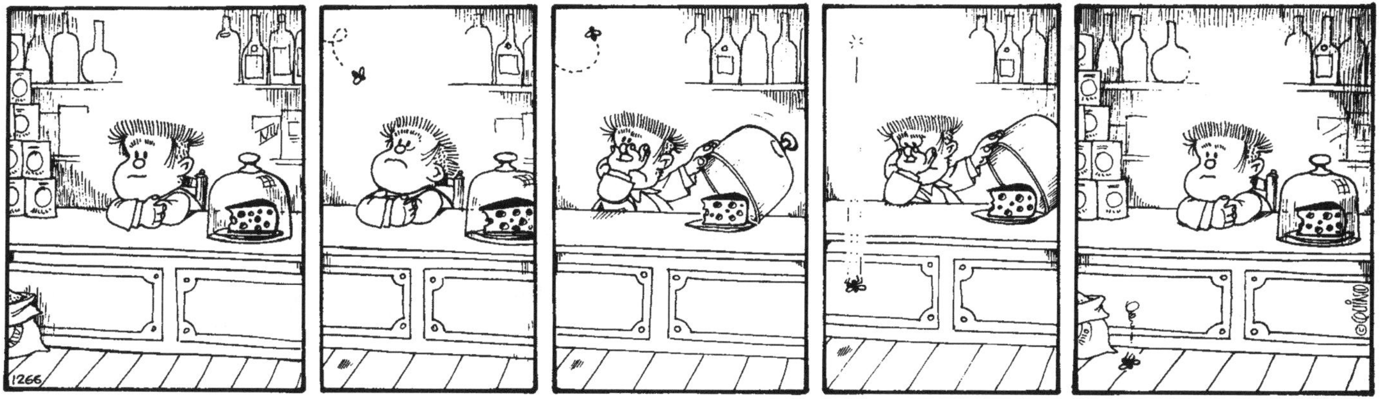
1266
©QUINO

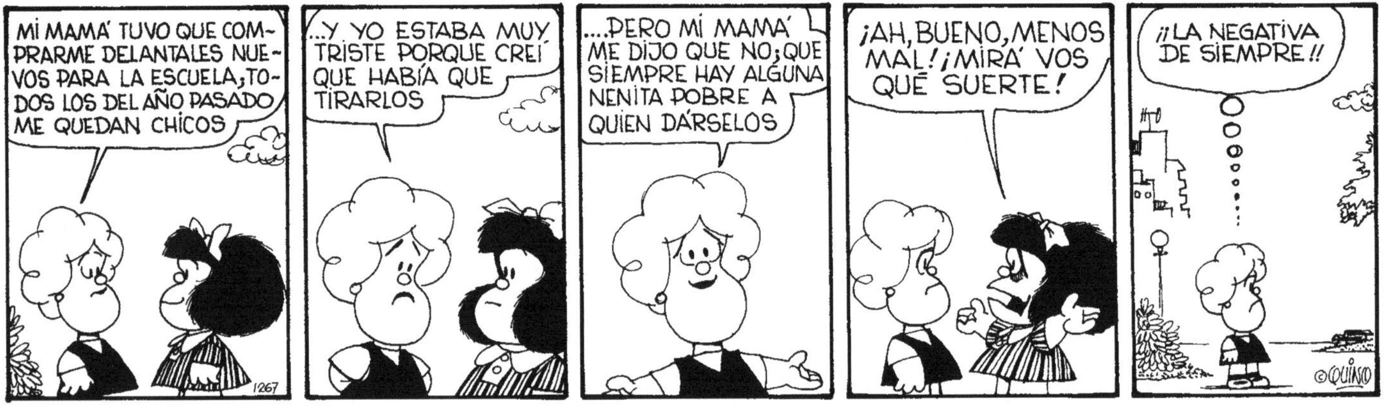
MI MAMÁ TUVO QUE COMPRARME DELANTALES NUEVOS PARA LA ESCUELA; TODOS LOS DEL AÑO PASADO ME QUEDAN CHICOS
...Y YO ESTABA MUY TRISTE PORQUE CREÍ QUE HABÍA QUE TIRARLOS
....PERO MI MAMÁ ME DIJO QUE NO; QUE SIEMPRE HAY ALGUNA NENITA POBRE A QUIEN DÁRSELOS
¡AH, BUENO, MENOS MAL! ¡MIRÁ VOS QUÉ SUERTE!
¡¡LA NEGATIVA DE SIEMPRE!!
1267
©QUINO

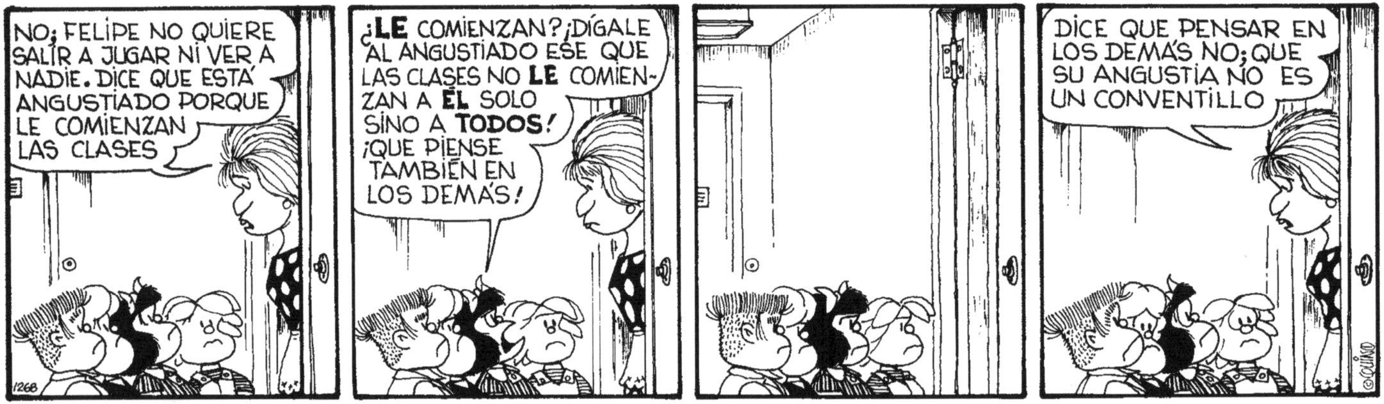
NO; FELIPE NO QUIERE SALIR A JUGAR NI VER A NADIE. DICE QUE ESTÁ ANGUSTIADO PORQUE LE COMIENZAN LAS CLASES
¿LE COMIENZAN? ¡DÍGALE AL ANGUSTIADO ESE QUE LAS CLASES NO LE COMIENZAN A ÉL SOLO SINO A TODOS! ¡QUE PIENSE TAMBIÉN EN LOS DEMÁS!
DICE QUE PENSAR EN LOS DEMÁS NO; QUE SU ANGUSTIA NO ES UN CONVENTILLO
1268
©QUINO

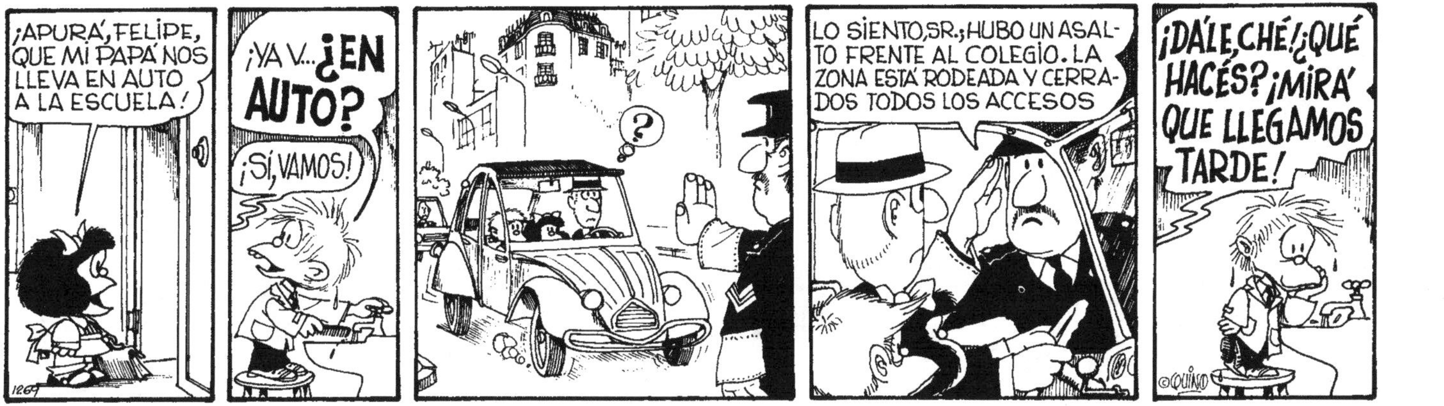
1269
¡APURÁ, FELIPE, QUE MI PAPÁ NOS LLEVA EN AUTO A LA ESCUELA!
¡YA V... ¿EN AUTO?
¡SÍ, VAMOS!
?
LO SIENTO, SR.; HUBO UN ASALTO FRENTE AL COLEGIO. LA ZONA ESTÁ RODEADA Y CERRADOS TODOS LOS ACCESOS
¡DALE, CHÉ! ¿QUÉ HACÉS? ¡MIRÁ QUE LLEGAMOS TARDE!
©QUINO

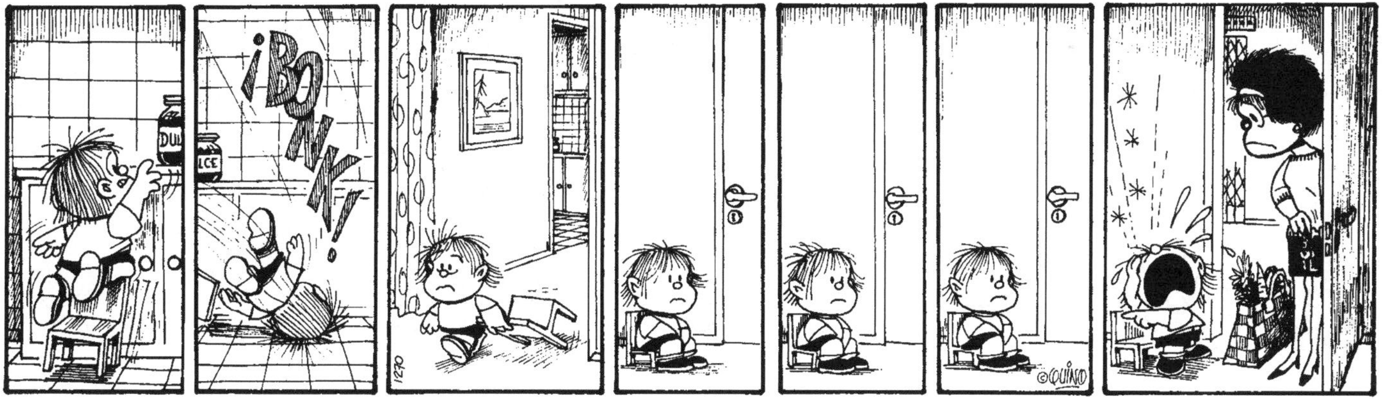
DUL
LCE
¡BONK!
1270
©QUINO

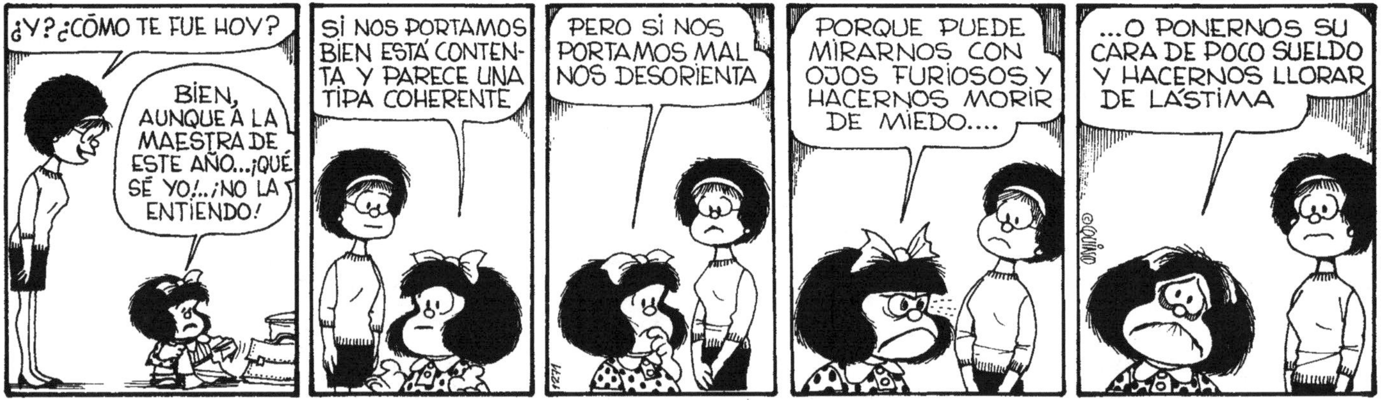
¿Y? ¿CÓMO TE FUE HOY?
BIEN, AUNQUE A LA MAESTRA DE ESTE AÑO... ¡QUÉ SÉ YO!.. ¡NO LA ENTIENDO!
SI NOS PORTAMOS BIEN ESTÁ CONTENTA Y PARECE UNA TIPA COHERENTE
PERO SI NOS PORTAMOS MAL NOS DESORIENTA
PORQUE PUEDE MIRARNOS CON OJOS FURIOSOS Y HACERNOS MORIR DE MIEDO....
...O PONERNOS SU CARA DE POCO SUELDO Y HACERNOS LLORAR DE LÁSTIMA

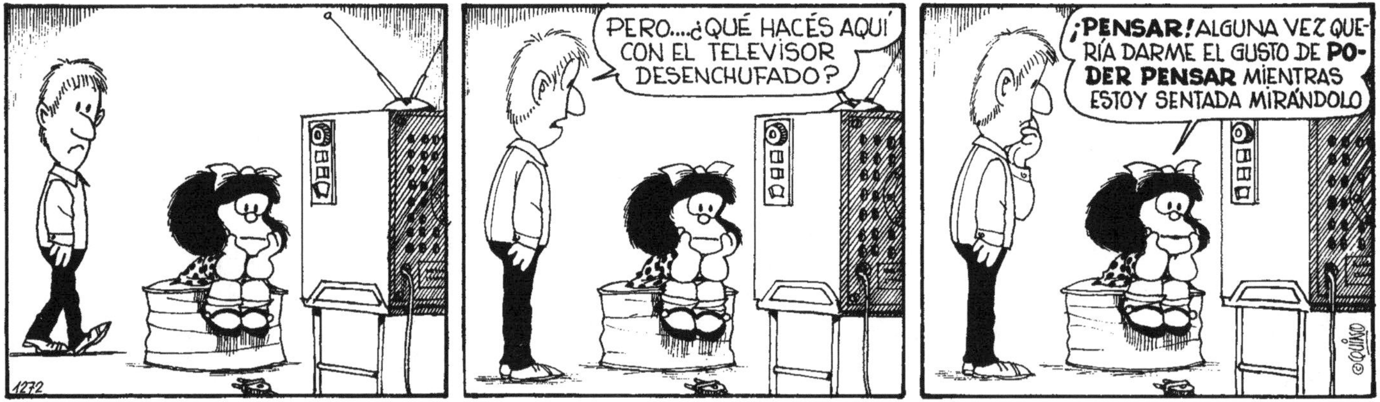
PERO....¿QUÉ HACÉS AQUÍ CON EL TELEVISOR DESENCHUFADO?
¡PENSAR! ALGUNA VEZ QUERÍA DARME EL GUSTO DE PODER PENSAR MIENTRAS ESTOY SENTADA MIRÁNDOLO

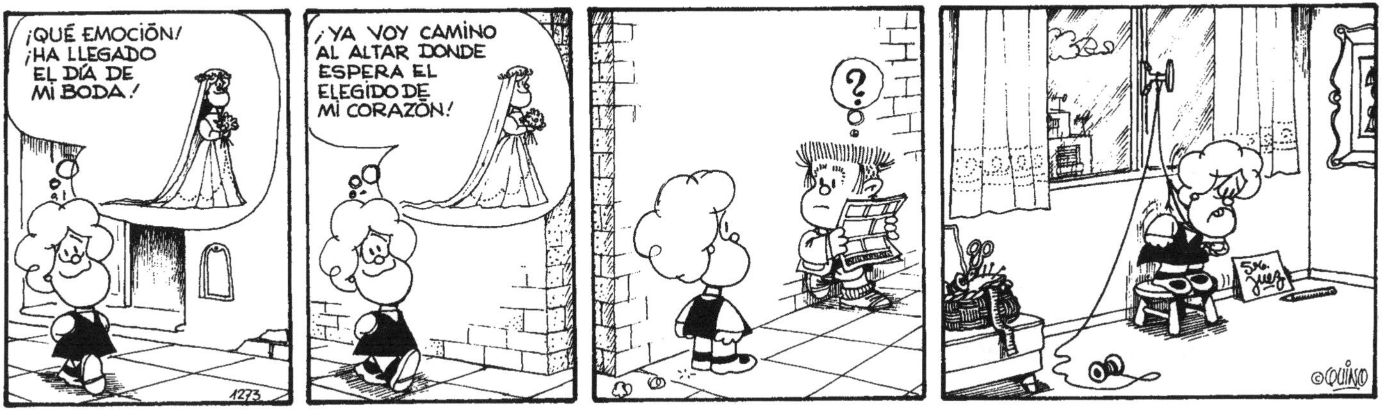
¡QUÉ EMOCIÓN! ¡HA LLEGADO EL DÍA DE MI BODA!
1273
¡YA VOY CAMINO AL ALTAR DONDE ESPERA EL ELEGIDO DE MI CORAZÓN!
?
Sr. Juez
©QUINO

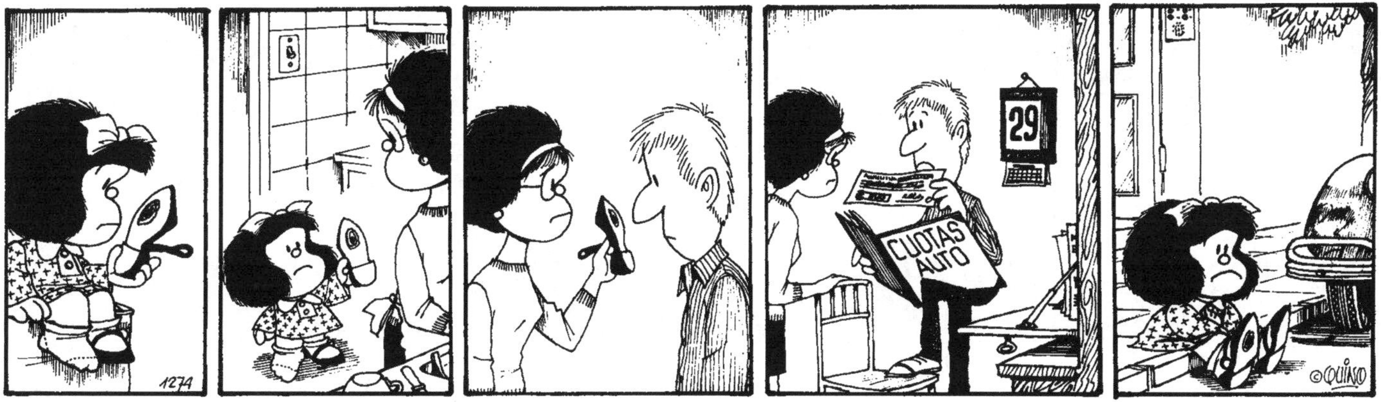
1274
29
CUOTAS AUTO
©QUINO

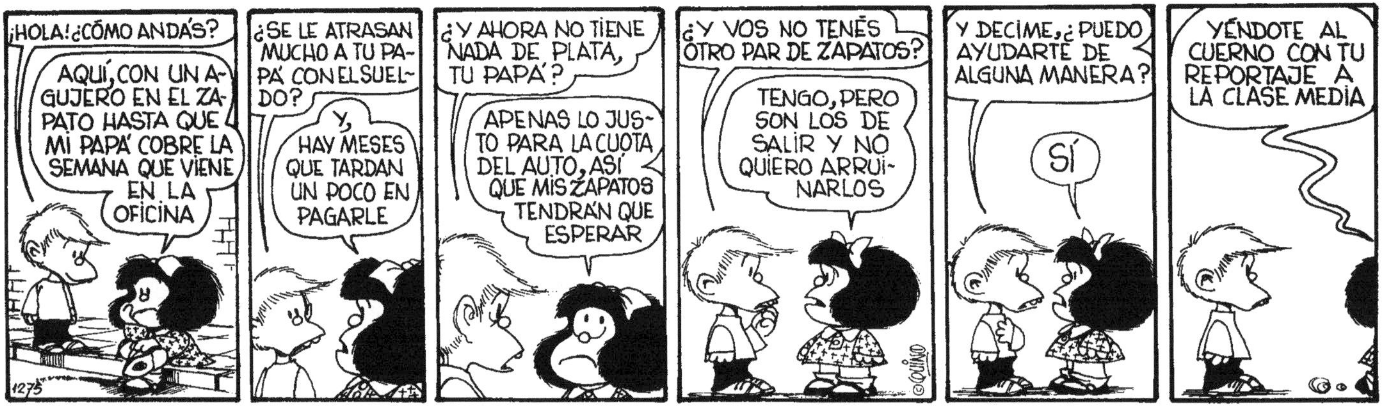
¡HOLA! ¿CÓMO ANDÁS?
AQUÍ, CON UN AGUJERO EN EL ZAPATO HASTA QUE MI PAPÁ COBRE LA SEMANA QUE VIENE EN LA OFICINA
1275
¿SE LE ATRASAN MUCHO A TU PAPÁ CON EL SUELDO?
Y, HAY MESES QUE TARDAN UN POCO EN PAGARLE
¿Y AHORA NO TIENE NADA DE PLATA, TU PAPÁ?
APENAS LO JUSTO PARA LA CUOTA DEL AUTO, ASÍ QUE MIS ZAPATOS TENDRÁN QUE ESPERAR
¿Y VOS NO TENÉS OTRO PAR DE ZAPATOS?
TENGO, PERO SON LOS DE SALIR Y NO QUIERO ARRUINARLOS
©QUINO
Y DECIME, ¿PUEDO AYUDARTE DE ALGUNA MANERA?
SÍ
YÉNDOTE AL CUERNO CON TU REPORTAJE A LA CLASE MEDIA

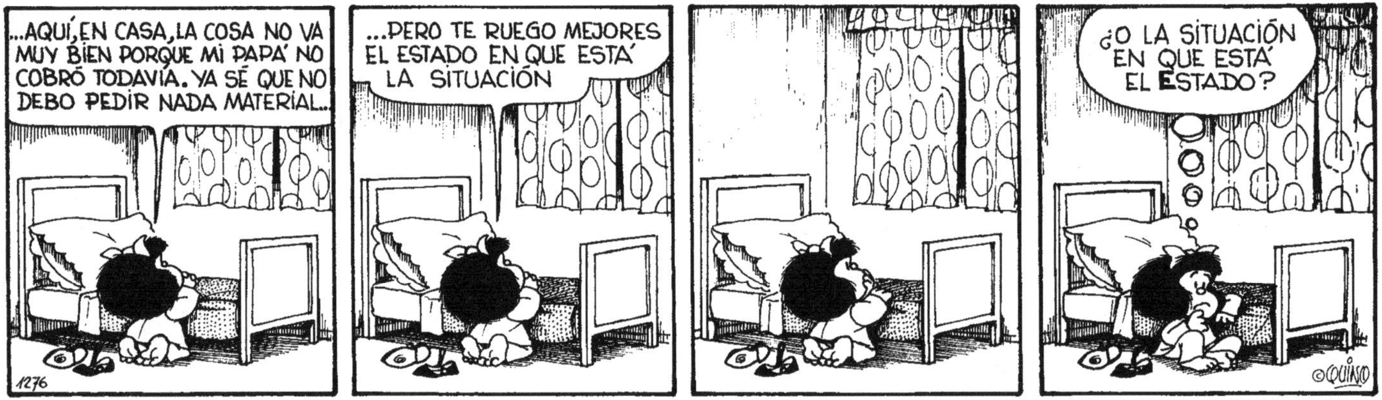
...AQUÍ, EN CASA, LA COSA NO VA MUY BIEN PORQUE MI PAPÁ NO COBRÓ TODAVÍA. YA SÉ QUE NO DEBO PEDIR NADA MATERIAL...
1276
...PERO TE RUEGO MEJORES EL ESTADO EN QUE ESTÁ LA SITUACIÓN
¿O LA SITUACIÓN EN QUE ESTÁ EL ESTADO?
©QUINO

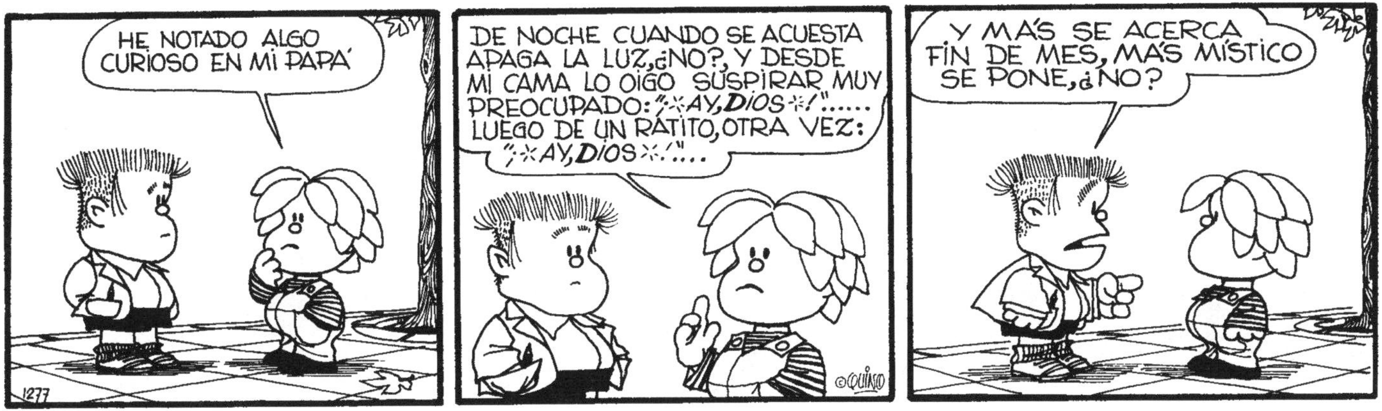
HE NOTADO ALGO CURIOSO EN MI PAPÁ
1277
DE NOCHE CUANDO SE ACUESTA APAGA LA LUZ, ¿NO?, Y DESDE MI CAMA LO OIGO SUSPIRAR MUY PREOCUPADO: "¡AY, DIOS!"...... LUEGO DE UN RATITO, OTRA VEZ: "¡AY, DIOS!"....
©QUINO
Y MÁS SE ACERCA FIN DE MES, MÁS MÍSTICO SE PONE, ¿NO?

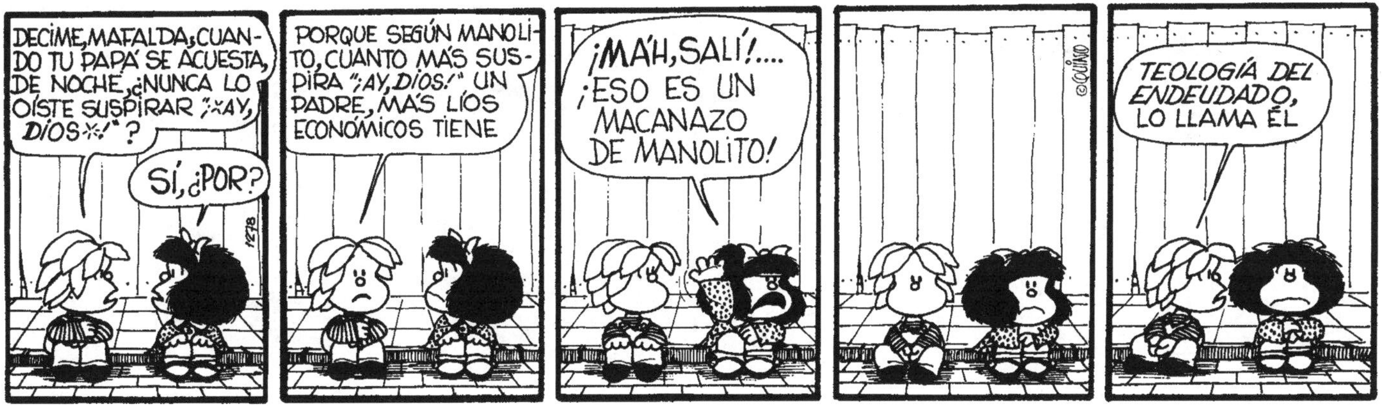
DECIME, MAFALDA, CUANDO TU PAPÁ SE ACUESTA, DE NOCHE, ¿NUNCA LO OÍSTE SUSPIRAR "¡AY, DIOS!"?
SÍ, ¿POR?
1278
PORQUE SEGÚN MANOLITO, CUANTO MÁS SUSPIRA "¡AY, DIOS!" UN PADRE, MÁS LÍOS ECONÓMICOS TIENE
¡MA'H, SALÍ!.... ¡ESO ES UN MACANAZO DE MANOLITO!
©QUINO
TEOLOGÍA DEL ENDEUDADO, LO LLAMA ÉL

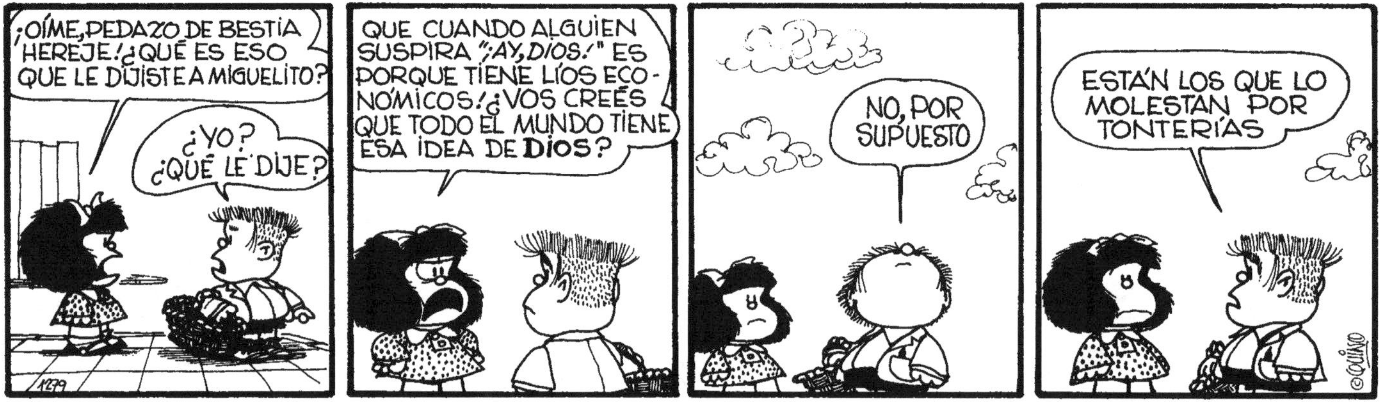
¡OÍME, PEDAZO DE BESTIA HEREJE! ¿QUÉ ES ESO QUE LE DIJISTE A MIGUELITO?
¿YO? ¿QUÉ LE DIJE?
1279
QUE CUANDO ALGUIEN SUSPIRA "¡AY, DIOS!" ES PORQUE TIENE LÍOS ECONÓMICOS! ¿VOS CREÉS QUE TODO EL MUNDO TIENE ESA IDEA DE DIOS?
NO, POR SUPUESTO
ESTÁN LOS QUE LO MOLESTAN POR TONTERÍAS
© QUINO

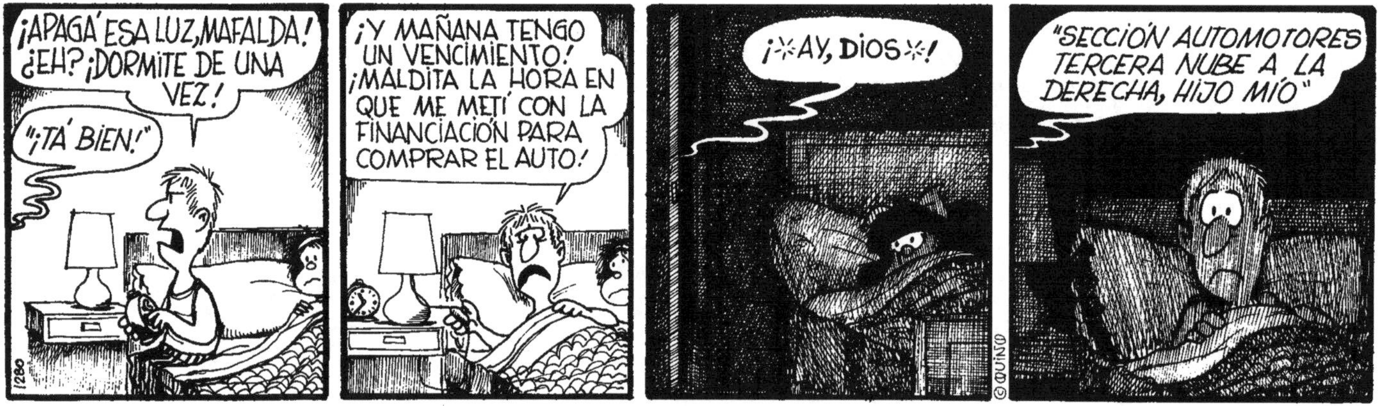
¡APAGÁ ESA LUZ, MAFALDA! ¿EH? ¡DORMITE DE UNA VEZ!
"¡TÁ BIEN!"
1280
¡Y MAÑANA TENGO UN VENCIMIENTO! ¡MALDITA LA HORA EN QUE ME METÍ CON LA FINANCIACIÓN PARA COMPRAR EL AUTO!
¡AY, DIOS!
© QUINO
"SECCIÓN AUTOMOTORES TERCERA NUBE A LA DERECHA, HIJO MÍO"

MÁS OPTIMISMO, MANGA DE APLASTADOS, QUE ÉSTE ES UN LIBRO IMPRESO EN LOS TALLERES DE "LITOGRÁFICA INGRAMEX, S.A. DE C.V." CENTENO 162-1, COL. GRANJAS ESMERALDA, 09810, MÉXICO, D.F., EN EL MES DE ABRIL DE 2014.

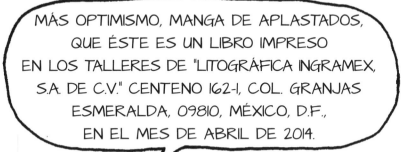

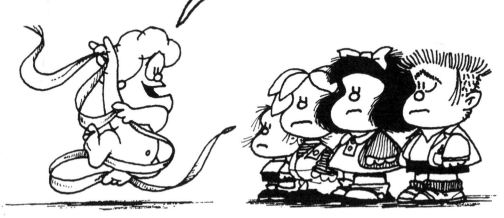